HISTOIRE

DE

LA SEIGNEURIE ET DE LA PAROISSE

DE BURES

(SEINE-ET-OISE)

HISTOIRE

DE

LA SEIGNEURIE ET DE LA PAROISSE

DE BURES

(SEINE-ET-OISE)

PAR

JULES LAIR

ANCIEN ÉLÈVE DE L'ÉCOLE DES CHARTES

> J'ai aimé ce petit terrytoire de Bures,
> JEAN DE CHAULNES.

A PARIS

Chez H. CHAMPION

Libraire de la Société de l'Histoire de Paris

Quai Malaquais, 15

1876

PRÉFACE.

Le village de Bures et ses nombreux hameaux sont assis à droite et à gauche des coteaux boisés qui dessinent la charmante vallée de Chevreuse, arrosée par la toute petite rivière d'Yvette. Au nord les collines de Moulon dissimulent derrière leur rideau de chênes verts les tristes plaines de Saclé; au-dessous, entre elles et les prés bordés de saules, la Guyonnerie, posée à la lisière des bois comme un nid d'oiseau confiant à la plus basse branche d'un arbre. Plus loin le Bas-Moulon, deux chaumières perdues dans les seigles. Plus loin encore vers Gif, la Febvrie, hameau cher aux seigneurs de Bures qui l'avaient sans cesse sous les yeux et dont le bonheur ne fut complet, s'il le fût, que le jour où ils purent contempler en suzerains la fumée de ces quelques foyers se mêlant aux grises vapeurs du soir. Puis, si l'on se tourne vers le midi, c'est, tout au bord de la rivière, le haras, jadis manoir, presque castel, avec fossés et pont-levis. Derrière, les ombrages déjà séculaires de la Maison-Blanche, demeure aussi hospitalière de nos jours qu'elle aurait pu l'être au temps des grands châtelains du moyen âge; à gauche, le village proprement dit, sa modeste église, où sonne encore l'airain donné par un ministre de Louis XV; enfin, vers l'orient et ravissant lorsque le soleil au matin le dégage des brumes de la vallée, le château de Grand-Ménil, assez caché dans ses futaies pour qu'on ait plaisir à l'y chercher, assez découvert pour charmer les regards qui l'ont reconnu. Puis au-dessus de ces premiers plans, les fonds plus sévères des bois Bouteiller et des bois Comtesse, rayés par les lignes jaunes de sentiers sablonneux; puis la percée lumineuse des vallées du Petit-Launai, et de Gometz-S.-Clair, que domine le château de Montjai, percée sans laquelle on pourrait croire, et qui le croirait serait heureux, que le monde n'existe pas au-delà de ces doux horizons.

Combien peu d'hommes savent ou peuvent garder leur vie dans ces asiles fortunés. Des seigneurs de ce château et domaine, le premier qui fut connu de nous ne l'a été précisément que parce qu'il le quitta; tout au contraire, le dernier seigneur de Bures, qui prenait à peine possession de ce titre lorsque la Révolution le supprima, y vint chercher l'abri de sa vieillesse. Aussi intelligent que laborieux, il recueillit non pas seulement par intérêt, mais dans un sentiment de respect du passé, tous les titres de cette petite seigneurie. Grâce à lui, tout en jouissant de ces beautés de la nature sur lesquelles l'homme n'a pas heureusement le pouvoir de destruction, nous pourrons évoquer le souvenir d'un passé dont un jour de frénésie révolutionnaire nous a privés trop souvent. Le tout ne fera, il est vrai, que de petites annales, de petits événements, s'adressant à ceux-là seuls qui aiment à connaître l'histoire de leur moutier, de leur chaumière même et jusqu'à celle des sentiers où leurs rêveries s'égarent; petite histoire, mais image de la grande, et, au fond, non moins instructive. Si quelqu'un jouissant de la vie sur ces bords fortunés, éprouve un jour à lire ces pages familières un plaisir de plus, nous serons assez payés de nos peines.

HISTOIRE

DE LA SEIGNEURIE DE BURES.

Le village de Bures, primitivement paroisse du diocèse de Paris, fait aujourd'hui partie du diocèse de Versailles et du département de Seine-et-Oise, canton de Palaiseau. Son territoire, moitié vallée, moitié coteaux et bois, est limité par les communes d'Orsai, de Gif, de Gometz, de Saint-Jean-de-Beauregard. Il est arrosé par la rivière d'Yvette et le ruisseau du Vaularon. Les habitations y forment plusieurs groupes, qui sont ceux de Bures, du Petit-Mesnil, de Montjai, du Petit-Launai, du Réaume, de la Guyonnerie. A ces noms il faut ajouter ceux de quelques écarts, Grand-Mesnil, le Bas-Moulon, les Baratteries qui reviendront souvent au cours de cette étude. On y compte environ 400 habitants.

I.

LES SEIGNEURS DE BURES.

§ I. COUP D'ŒIL SUR LES TEMPS ANTÉRIEURS A L'APPARITION HISTORIQUE DE LA SEIGNEURIE DE BURES.

Le nom de Bures, en tant qu'il appartient à notre village, n'apparaît pas avant le xie siècle. Il se disait en basse-latinité *Buræ*[1], en français *les Bures*. Ce mot n'est resté dans notre langue que

---

1. Les textes donnent ce nom à l'ablatif : *de Buris*. On trouvera *buræ* dans le *Polyptyque d'Irminon* où M. Guérard l'explique par lieu de remise des instruments aratoires. C'est le sens du mot *Bur* dans tous les anciens dialectes du nord (Voyez Ducange, édit. Henschel, vº *Bura*).

sous la forme *buron*, avec le sens de cabane et d'étable[1]. Au
moyen-âge, le buron était moins qu'une maison[2] et plus qu'une
étable. D'autre part, *burs* en tudesque avait le sens de
paysans[3]. L'explication la plus simple, qui est presque toujours
la meilleure, est donc celle qui traduit Bures par habitation de
colons, de paysans libres, de cultivateurs[4]. Tenons-nous-en à
cette modeste origine, et, s'il plaît de laisser ensuite l'imagi-
nation quelque peu maîtresse, voyons avec elle les premières
demeures de notre village élevées, dès l'époque mérovingienne, par
d'humbles descendants des compagnons de Clovis. On sait d'ailleurs qu'il exista, tout près de Bures, un grand domaine franc, qui
fut soit saisi, soit vendu en justice, c'est celui de Gif[5].

Est-il possible de découvrir quelques traces d'un plus ancien
séjour de l'homme dans cette partie de la vallée? L'abbé Lebeuf
inclinait à le croire. Dans le nom de la ferme de la Hacquinière,
toute voisine de sources réputées minérales, il voyait volontiers
l'*aqua* étymologique et il a été jusqu'à écrire l'Aquinière. On ne
trouve cependant cette forme latine nulle part, pas même dans
une thèse médicale du xviie siècle[6], et il est bien plus probable que
la ferme de la Hacquinière doit son nom à un certain Hacquin,
sans doute l'un de ses premiers possesseurs.

Peut-on être plus affirmatif avec le nom de Montjai, qui appartient à l'un des hameaux de la paroisse de Bures? Existait-il là
un de ces amas de pierres, sorte de point de repère pour les voyageurs, que nos ancêtres nommaient des *monjoies*? Nous ne le pen-
sons pas. Le petit domaine dont il s'agit ne doit, selon nous, ce
nom ancien qu'au souvenir gardé du célèbre château de Montjai
par un des possesseurs de l'arrière-fief de Bures.

La seule marque laissée par les maîtres des anciens temps est

---

1. Burguy, *Glossaire étym.*, v° *Buron.* — Littré, *Dictionnaire*, v° *Buron.*
— Dans le patois normand *buret* a le sens d'étable à porcs.

2. V. les textes cités par M. de Chevallet (*Origine... de la langue française*,
t. I, p. 385) et par Littré (v° *Buron*).

3. V. Ducange, v° *Burs*, « iidem qui Burrisgi, coloni ».

4. Diefenbach, *Lexicum compar. ling. indo-germanicarum*, I, 264, vieil
haut allem. *pwr*; anglo-saxon *bur*; all. mod. *bauer.* — Il faut rejeter l'étymologie donnée par l'abbé Lebeuf, Bures, de *bures*, au moyen-âge, bourrées.

5. Lebeuf, *Hist. du diocèse de Paris*, t. VIII, p. 100. Il cite Ducange, v° *Wifa.*
Giffare signifiait *saisir*, à l'époque carlovingienne (voyez Ducange à ce mot).

6. *Histoire du diocèse de Paris*, t. VIII, p. 115, 142. Voici le titre de la
thèse : *An aquæ Hacquinienses medicamentosæ?*

le nom de la rivière de Vaularron, dont la forme primitive est Valaron ou Valarron, ce qui équivaut à val ou vallée de l'Arron. C'est ainsi que les Gaulois ont dû appeler ce petit cours d'eau ou plutôt ce torrent. A en croire un celtisant, et l'explication ici serait de mise, *arron* en gaulois signifiait eau torrentueuse. L'Écosse nous présente le même nom transformé d'une manière toute semblable par les Anglo-Saxons et devenu *Arundal* ou *Arundel*[1].

Je pourrais encore mentionner le nom de l'Ivette; mais comme l'aimable rivière prend sa source en deçà de notre territoire et emporte au delà la grâce de ses ondes, nous laisserons à d'autres le soin d'étudier cette étymologie. Puis, constatant à regret cette pénurie de vestiges antiques, nous allons tout d'un coup descendre au xıᵉ siècle, époque où pour la première fois Bures est l'objet d'une mention historique. Cette mention est d'ailleurs contemporaine de l'origine de la seigneurie de Bures.

§ 2. PREMIÈRE ET SECONDE FAMILLE DES SEIGNEURS DE BURES.

Comme les grandes histoires, les modestes annales de notre seigneurie commencent par une période héroïque, partant un peu obscure. Nous en présentons le récit tel qu'il a été possible de le composer, grâce à quelques renseignements positifs et à l'aide de plusieurs inductions.

De nos recherches, il résulte que la première et la seconde famille des seigneurs de Bures étaient des rameaux détachés de la famille plus célèbre des seigneurs de Montlhéri, dont il est nécessaire de rappeler ici l'origine.

Vers la fin du xıᵉ siècle, Guillaume de Gometz, seigneur suzerain de Bures, maria sa fille Hodierne à Gui Iᵉʳ, seigneur de Montlhéri.

De ce mariage sortit une puissante lignée, savoir :

1º Milon le Grand, père de deux fils, Gui Troussel et Milon, et de deux filles, Emmeline, mariée à Hugues de Broyes, et Isabeau, mariée à Thibaut de Dampierre ;

---

1. Baxter, *Lexicum Britannicum*, d'après Lhuyd. — Zeuss, *Grammatica celtica*.

2° Gui le Rouge, sénéchal de France, père d'un autre Gui et
de Hugues de Créci, et de deux filles dont l'une, Luisane, fut
fiancée à Louis-le-Gros;

3° Mélissende, femme de Hugues de Rethel et mère de Baudouin de Bourcq qui devint roi de Jérusalem;

4° Isabelle, deuxième femme de Joscelin de Courtenai.

Du chef de sa mère Hodierne, Gui le Rouge devint châtelain
de Gometz et suzerain de Bures[1]; son fils, Hugues de Créci lui
succéda dans ces seigneuries. Hugues, homme violent et plein
d'orgueil, froissé de la rupture du mariage projeté entre sa sœur
Luisane et le roi de France, entra en lutte avec ce dernier
(1108). Outre Gometz, il possédait Châteaufort, et voulait
reprendre Montlhéri, alors soustrait à sa domination. A cet effet,
il se ligua avec Amauri de Montfort et tous deux se promirent
d'opposer au roi, depuis la Seine jusqu'à l'Eure, une barrière
infranchissable. Heureusement pour la royauté, Hugues manqua
son coup sur Montlhéri, qui fut donné à l'un de ses cousins,
Milon. Présent fatal à ce dernier, car Hugues se saisit de sa personne par trahison, et le fit enfin précipiter de la tour de Roche-
fort dans les fossés du château. Le meurtrier, poursuivi par le
roi, assiégé et pris dans Gometz, obtint grâce pour sa vie en
promettant de la finir dans un cloître[2]. Dès lors, sa succession
était ouverte. Louis-le-Gros confisqua Châteaufort. Quant à
Gometz, il fut laissé à une nièce de la victime, Agnès de Garlande[3].

La seigneurie de Bures, placée comme un poste avancé, au bas
de la vallée que commandait le donjon de Gometz, ne put guère
échapper au contre-coup de ces événements qui se passaient vers
1118. Deux ans plus tard, nous trouvons en Terre-Sainte un seigneur nommé Guillaume de Bures, du diocèse de Paris[4]. C'était

---

1. *Histoire de la maison de Courtenay*, p. 26. — Lebeuf (*Histoire du
diocèse de Paris*, t. VIII, p. 139) semble indiquer un autre ordre successif
des seigneurs de Gometz, mais il n'avait pu étudier suffisamment ce sujet,
qui d'ailleurs mériterait encore une étude spéciale.

2. *Chronicon Mauriniacense* (apud Duchesne, *Hist. Franc. script.*, t. IV,
p. 366). — Lebeuf, *Histoire du diocèse de Paris*, t. VII, p. 485.

3. Agnès était fille d'Anseau de Garlande.

4. « De terra Parisiorum » (Alb. Aquensis, apud Bongars, *Gesta Dei per
Francos*, p. 230). Dans l'ouvrage intitulé *Galeries de Versailles*, on dit que
Guillaume de Bures était normand, du diocèse de Lisieux. C'est une erreur
d'autant plus évidente qu'en cet endroit même, on cite, comme référence,
Albert d'Aix.

un personnage magnifique et de tous points recommandable, « sage homme et loyal et de grand cœur. » Son frère Geoffroi l'accompagnait et nous est également dépeint comme un chevalier excellant à toute œuvre guerrière[1]. Un contemporain, en position d'être bien informé, dit que Guillaume de Bures avait pris la croix en esprit de pénitence, *pænitentia ductus*[2]. Est-il téméraire de supposer que les deux frères cherchaient dans cet exil pieux le pardon de quelque participation aux révoltes des châtelains de Gometz ou, tout au moins, la reconstitution d'une fortune compromise dans ces guerres civiles? Les chroniques contemporaines fournissent de nombreux exemples de résolutions semblables. Sentiment de pénitence, esprit guerrier, désir de conquête, ces trois mobiles des croisades se manifestèrent dans la conduite de nos deux chevaliers.

Par un singulier renversement de situation, ils retrouvèrent en Terre-Sainte, mais cette fois les rattachant au pouvoir royal, les mêmes liens de famille ou de féodalité qui, selon nous, les avaient, en France, entraînés dans des guerres contre la royauté. Sur le trône de Jérusalem siégeait Baudouin de Bourcq, fils de Mélissende de Montlhéri, petit-fils de cette Hodierne de Gometz dont le nom est placé en tête de notre histoire. Parmi ses principaux vassaux, il comptait Joscelin de Courtenai, fils d'Isabelle de Montlhéri; peut-être encore le seigneur du Puiset, devenu comte de Jaffa, également petit-fils d'Hodierne. Aussi n'est-on pas étonné de voir Geoffroi et Guillaume de Bures favoris de Baudouin et frères d'armes de Joscelin, qui avait succédé à Tancrède dans la possession de la principauté de Tibériade ou de Tabarie (décembre 1112[3]), sorte de campement d'avant-garde placé par Godefroi de Bouillon sur le chemin de la Syrie[4]. Les seigneurs francs s'y ressouvinrent trop, à notre gré, des pratiques de leurs ancêtres en Occident. L'histoire a enregistré à ce

1. « Willelmus de Buris, vir magnificus et per omnia commendabilis. » (Willelm. Tyr., lib. XII, c. 31, chez les *Historiens des Croisades*, t. I, p. 545.) — «Sages hons et loiaux et de grant cuer.» (*Ibid.*) —Viro (Godefrido) egregio et milite clarissimo in omni opere bellico (Alb. Aquensis, l. c.).

2. *Actus pontif. Cenoman.* (Mabillon, *Vetera Analecta*, éd. in-fo, p. 121).

3. *Les familles d'Outre-mer*, éd. Rey, p. 445.

4. Beugnot, *Mémoire sur le régime des terres dans les principautés fondées en Syrie par les Francs, à la suite des Croisades* (Bibliothèque de l'Ecole des chartes, 3e série, t. V, p. 237-261).

sujet le récit d'un fait curieux en lui-même, mais tout particulièrement digne d'être cité, puisque les deux chevaliers de Bures y
jouèrent les rôles principaux.

Des tribus bédouines, en apparence assez indifférentes aux
guerres entre Chrétiens et Sarrazins, continuaient de venir
avec leur bétail camper dans les vastes pâturages situés au
nord de Tibériade. Sur la foi de traités intervenus entre leurs
chefs et les seigneurs francs, ces pasteurs arabes introduisirent,
vers l'année 1120, de nombreux troupeaux dans la forêt de Panéas,
que les historiens appellent *Silva Universa*. Un contemporain
évalue le nombre de leurs chameaux à trente mille, celui des
bœufs à cent mille, celui des chèvres et des brebis au-delà de tout
ce qu'il pouvait dire (*inaudita millia*). Quatre mille cavaliers
armés de lances et de glaives surveillaient et gardaient ces
richesses. Au surplus, sans crainte pour eux-mêmes, comme sans
intentions hostiles envers les autres, ils avaient amené leurs
femmes et leurs enfants et vivaient en famille sous la tente.

La vue de tout ce bétail éveilla la cupidité de Joscelin, qui résolut
d'en faire une razzia. Sur ses exhortations, Geoffroi et Guillaume
de Bures se joignirent à lui[1]. Ils ne prirent avec eux que cent
soixante cavaliers et environ cinquante fantassins, soit qu'ils
méprisassent les Bédouins, soit qu'ils voulussent, par le petit
nombre des associés, rendre meilleures les parts de butin[2]. Ils
comptaient encore sur la surprise et, pour la rendre plus assurée,
ils choisirent, non sans impiété, le matin même du jour de
Pâques, où l'on devait croire les chrétiens tout à leurs devoirs
religieux. Aux abords du pâturage, la petite troupe se fractionna
en trois groupes. Joscelin, avec cinquante cavaliers, se plaça
à la droite; Guillaume de Bures à la gauche. Geoffroi avec
soixante cavaliers et l'infanterie était chargé de l'attaque de front.
Il s'élance audacieusement sur les nomades, qui d'abord pren-
nent peur et fuient; mais les cors et les trompes sonnent l'alarme;
les Bédouins, reconnaissant le petit nombre de leurs agresseurs,
leur tiennent tête. Ceux-ci crient au secours; Guillaume entend

---

1. « Godefrido de Buris, de terra Parisiorum, viro egregio et militi cla-
rissimo in omni opere bellico, fratrique ejus Wilhelmo indicare non distulit
(Gozelinus) et ad invadendam prædam utrosque fratres adhortatus est. »
(Alb. Aquensis.)

2. Les chevaliers sont dits : « Viri bello audacissimi et prædarum avi-
dissimi. »

l'appel désespéré de son frère (*audita vociferatione*), il veut courir à son aide; vain effort; il se perd au milieu des bois et des replis de ce terrain inconnu. Plus heureux, Joscelin arrive sur le champ de bataille; mais tout ce qu'il peut faire, c'est de contenir les Arabes et d'assurer la retraite. Des soixante fantassins, cinquante étaient morts. La perte en chevaliers n'était pas moins grande; quarante avaient succombé et parmi eux Geoffroi de Bures. Ces hommes, téméraires sans doute, mais braves, avaient d'ailleurs vendu chèrement leur vie, et deux cents Sarrazins étaient tombés sous leurs coups. La nouvelle de ce malheur attrista profondément les populations chrétiennes. Les esprits religieux remarquèrent que le Ciel avait abandonné les hommes dont l'instinct cupide transformait un jour de paix et de prière en un jour de spoliation et de combat[1]. Le roi Baudouin ne pensa qu'à la perte de tant de braves serviteurs[2] et surtout de son très-aimé (*dilectissimi militis*) Geoffroi de Bures. Il réunit des troupes et se porta en avant vers les Bédouins. Mais, d'une part, on le pria de ne pas trop s'éloigner et, de l'autre, les Arabes lui offrirent une indemnité de quatre mille besants, qu'il accepta. Une partie de cette somme fut employée en fondations pieuses et à la célébration de messes à l'intention de Geoffroi[3].

La suite de l'histoire nous montre Guillaume de Bures, frappé par cette perte cruelle et méritée, s'élevant, grâce à son honnêteté et à son savoir[4], aux plus hautes dignités du royaume.

D'abord, il succéda à Joscelin de Courtenai, mari d'Isabelle de Gometz, dans la principauté de Tibériade, qui resta longtemps le patrimoine de la famille de Bures, d'outre-mer[5]. Puis, pendant la captivité du roi Baudouin, fils de Mélissende de Gometz, il

---

1. «Hac de causa in manu inimicorum dati sunt, quod tam sanctissima die rapinis inhiabant. »

2. Chacun d'eux était chef de vingt, de dix, de cinq, au moins de deux chevaliers.

3. « Pro anima Godefridi et aliorum. »

4. « Probitate et scientia. » (*Act. episc. Cenom.*, *l. c.*)

5. Dans la table des noms de personnes et de lieux placée par M. Rey à la suite de son édition des *Familles d'Outre-Mer*, je trouve : « Bures ou Buries, village situé au pied du Thabor et portant le nom de Dabourieh, p. 446. » Cette indication m'avait d'abord rempli de joie. Je voyais Guillaume donnant le nom du village natal à l'un de ses domaines princiers. Illusion. Rien ne justifie à la page 446 les indications de la table, et j'ai trouvé au contraire que Dabourieh était fondée du temps de Josué.

fut élu par les barons connétable et *bail* du royaume (*regni cons-
tabularius et procurator*)[1].

Dans ces difficiles conjonctures, Guillaume mérita l'estime de
tous par son habileté, sa droiture et son courage. Ce fut lui qui
traita avec les Vénitiens et dirigea l'expédition contre la ville de
Sur, dont la prise amena la délivrance du roi Baudouin. A peine
ce prince était-il en liberté qu'il songea au choix d'un successeur
et résolut de donner sa fille et son trône à Foulques d'Anjou. Ce
dernier était fils de Foulques Réchin et de Bertrade de Montfort,
par conséquent neveu d'Amauri de Montfort et d'Agnès de Garlande, dame de Gometz et suzeraine de Bures. Guillaume était
l'ambassadeur désigné pour cette mission délicate. Aussi reçut-il
pouvoir d'engager la parole royale et celle des seigneurs[2] et il
partit pour la France, accompagné de plusieurs grands personnages, entre autres Gui Brisebarre.

Il se rendit au Mans, où il apporta à l'église Saint-Julien des
reliques de la vraie croix, en même temps un *pallium* et un *vexil-
lum*, appelé *transartat*, dont la hampe portait des bandelettes
d'argent de la valeur de 8 marcs[3]. Prince de Tibériade en Palestine,
en France on l'appelait encore Guillaume de Bures. On ne peut
douter qu'il revint contempler les doux horizons où ses yeux s'étaient
ouverts à la vie, et les flots clairs de l'Ivette, et les vapeurs matinales
de la vallée qu'il avait dû regretter plus d'une fois sous l'azur trop
constant des cieux de Palestine. Quelle tentation de sacrifier les
grandeurs d'outre-mer à l'amour du pays natal! Mais Guillaume
de Bures avait précisément charge de dire à Foulques d'Anjou :
« Nous venons vous demander de renoncer au pays de France pour
prendre la défense de Jérusalem et des lieux où Jésus-Christ est
né, a souffert, est ressuscité; de changer votre repos en labeur,

---

1. Willelm. Tyr., *lib.* XII, c. 34 (*Historiens des Croisades*, t. L, p. 548).
Les familles d'Outre-Mer, p. 819.

2. « Ut in anima Regis et Regni Principum confidenter juraret. » (Will.
Tyr., l. c., p. 594.) « Præfato Fulconi ex parte Stephani Patriarchæ et Bal-
duini Regis Jerosolymorum et primorum ejus legationem detulit et episto-
las. » (*Actus episcoporum Cenomanensium*, l. c., p. 321.) Au dire des *Gesta
consulum Andegavensium*, Baudouin avait seulement chargé ses ambassadeurs
de remettre au choix du roi de France l'élection de son successeur. (*Les
familles d'Outre-Mer*, p. 16.) La vérité se trouve dans la combinaison des
textes. Foulques fut choisi par Baudouin et ce choix dut être soumis à
l'agrément du roi de France.

3. *Gesta episcoporum Cenomanensium* (Mabillon, *Analecta*, 321).

votre richesse en pauvreté; vous y trouverez l'exil, les épreuves, la mort du martyr[1]. » Et ces paroles n'étaient pas là formules de rhétorique, portées au nom d'un roi sortant à peine d'une longue captivité.

Foulques avait déjà, et non sans honneur, paru sur les champs de la Terre-Sainte. Il mit ordre à ses affaires (1127), transmit son pouvoir à son fils Geoffroi, qu'il maria à Mathilde, veuve de l'empereur Henri V et héritière du trône d'Angleterre ainsi que du duché de Normandie. Puis, il partit et débarqua à Saint-Jean-d'Acre au printemps de 1129. Le succès de l'ambassade de Guillaume de Bures donna pour plusieurs années la sécurité au royaume de Jérusalem.

En 1137, Guillaume prenait encore part à une expédition contre les Sarrazins[2]. La date exacte de sa mort n'est pas connue. Nous supposons qu'elle arriva vers 1141, époque à laquelle apparaît un autre connétable du royaume[3]. On ne sait rien de très-précis sur la descendance directe de cet homme remarquable, si ce n'est qu'il eut deux neveux, Raoul d'Ysis et Simon, et une nièce, Agnès[4]. Ce qui nous rend plus supportable ce défaut de renseignements, c'est la certitude que la famille de Bures resta dès lors sans relations avec son domaine d'origine. On ne possède même aucune preuve directe de la possession par Guillaume de cette seigneurie de Bures dont il illustrait le nom. Toutefois, ce qui précède autorise à croire qu'un lien, soit de parenté, soit de vassalité, le rattachait à la famille de Montlhéri-Gometz. La suite de la présente étude confirmera cette supposition.

Après cette brillante apparition dans l'histoire, un siècle se passe avant que le nom de Bures soit de nouveau prononcé[5]. En février 1224, sous le règne de saint Louis, un honnête bourgeois de Paris, Guillaume Point-l'Asne, conseillé par son évêque, eut

---

1. « Hortando enim ipsum precabatur, quod tutelam Jerosolymitanae plebis susciperet, et loca ubi Christus natus, passus est, et resurrexit, Gallicis partibus præponeret; ibique laborem pro quiete, egestatem pro divitiis, exilium pro patria, crucem pro palma, mortem pro vita, contumelias pro honore, martyrium subiret pro gaudiis. »

2. Will. Tyr., lib. XIV, c. 86 (*Historiens des Croisades*, I, p. 645).

3. *Les familles d'Outre-Mer.*

4. *Ibid.*, p. 452. — *Historiens des Croisades*, t. II, p. 632.

5. On trouve bien en 1207 un *Burchardus de Bures* (*Cartul. de N.-D. de Paris*, I, 324), mais rien ne rattache ce personnage à la seigneurie de Bures.

la pieuse pensée de fonder deux prébendes dans l'église Saint-Eustache de Paris ou ailleurs; il n'était pas encore décidé. A cet effet, il acheta de Gautier de Bonnelles, *armiger,* la tierce part des dîmes de Bures pour le prix de 80 livres parisis. Barthélemi de Saint-Maurice, chevalier, du fief de qui relevait la dîme, approuva cet engagement. Robert de Long-Chesne, Barthélemi de Bures, Renaud de Saint-Maurice, écuyers, se constituèrent comme caution.

Quatre ans plus tard (avril 1228), Guillaume, évêque de Paris, constata qu'en sa présence Eudes de Bonnelles, *armiger,* vendait pour le prix de cent vingt livres parisis, au même Guillaume Point-l'Asne, qui voulait augmenter la dotation des chapelles fondées par lui dans l'église Saint-Eustache, le tiers de la dîme de Bures appartenant au roi, avec tous droits, etc. En outre le même vendit au même un arpent de pré et une place, près la porte de l'église de Bures, afin de permettre l'édification d'une grange pour loger les fruits du dîmage. Cette vente fut approuvée par Gautier de Bonnelles, *armiger,* par Gautier de Granges, *armiger,* par Barthélemi de Saint-Maurice, chevalier. Ces trois personnages se déclarent, premier, second et troisième seigneur de l'arrière-fief dans lequel ledit arpent et la place à bâtir étaient situés. Comme caution intervinrent Robert de Long-Chesne et Simon de Breton, chevaliers, Guillaume de Breton et Guillaume *de Cornilio,* clercs, Gui de Maupas et Adam de Garnevoisin, *armigeri.*

L'un des chapelains ainsi dotés par Guillaume Point-l'Asne s'appelait Gilbert, et l'autre Gui de Montfort. Dans la dotation, évaluée à 30 livres de rente, les biens de Bures entraient pour dix livres.

Enfin, en novembre 1229, Guillaume, archevêque de Reims, approuva les donations aux chapellenies de Saint-Eustache du tiers de la dîme, de l'arpent de pré, et de la place qui relevaient de son fief, *omnia ad nostrum feodum pertinentia.* Cet archevêque était Guillaume de Joinville, oncle du célèbre historien du roi saint Louis.

Cette série d'actes montre ce qu'était alors devenue notre petite seigneurie. Le domaine était déjà morcelé, puisque Eudes de Bonnelles, Gautier de Granges et Barthélemi de Saint-Maurice y possédaient chacun le tiers d'un fief qui relevait de Guillaume de Joinville, seigneur suzerain.

Voici, selon nous, comment le fief était échu à l'illustre famille de Joinville.

Après la défaite de Hugues de Créci, le domaine de Gometz et ses dépendances retourna, ainsi que nous l'avons dit plus haut, aux héritiers de Hodierne de Montlhéri. Une des petites-filles de cette dame porta la seigneurie de Gometz dans la famille de Garlande, puis dans celle de Montfort. Une seconde petite-fille, Isabeau, fille de Miles de Montlhéri, fut mariée à Thibaut de Dampierre, et reçut la seigneurie de Bures comme part de cadette. De ce mariage naquit un fils, Gui de Dampierre, père de Héluis de Dampierre, qui épousa Geoffroi IV de Joinville.

Or, l'archevêque de Reims, Guillaume de Joinville, était fils de Geoffroi et d'Héluis. On est donc autorisé à croire qu'il avait recueilli par héritage de sa mère notre seigneurie de Bures, entrée avec Isabeau de Montlhéri dans la famille de Dampierre.

Cela étant admis, on peut établir la suite des premiers seigneurs de Bures.

1.

(?) Geoffroi et Guillaume de Bures (1118);
Thibaut de Dampierre, par Isabeau de Montlhéri;
Gui de Dampierre;

2.

Geoffroi de Joinville, par Héluis de Dampierre, fille de Gui;
Guillaume de Joinville, archevêque de Reims (1229).

Assurément, l'induction a une grande part dans cette tentative de reconstitution de la généalogie des seigneurs de Bures; nous croyons toutefois n'en avoir point abusé.

On a d'autant plus de motifs d'admettre ces conjectures, que depuis longtemps les familles de Montlhéri et de Joinville étaient alliées, par ce Joscelin de Courtenai qui, en Palestine, fut l'ami et le protecteur de Guillaume de Bures.

Après l'archevêque Guillaume, le fief de Bures dut revenir à ses frères ou à ses neveux. La suite de nos recherches démontre qu'il tomba dans le lot de Gui de Joinville, seigneur de Sailli.

Gui de Joinville, seigneur de Sailli, fut père de
Guillaume, à qui succéda
Marie de Tanlai.

Marie épousa un Courtenai et c'est de cette alliance que sortit la troisième famille des seigneurs de Bures.

§ 3. TROISIÈME FAMILLE DES SEIGNEURS DE BURES.

La troisième famille des seigneurs de Bures est celle des Courtenai-Angervilliers, ou, pour nous conformer à la dénomination des généalogistes, de Courtenai d'Yerre et de Bondoufle.

En février 1319 (v. s. 1318), trois frères, Mahiet, Henriet et Adenet de Setams, écuyers, neveux et héritiers de messire Henri de Setams, donnèrent aux religieux de Sainte-Catherine du Val-des-Écoliers, « pour être accompagnés aux prières, aux oraisons, aux messes et aux bienfaits desdits religieux, » un fief « séant ès-villes de Bures et de Gometz-le-Chatel, » relevant de Jean d'Angervilliers, chevalier[1].

Le 27 juillet 1356, Robert Anquetin, franc-sergent du chapitre de N.-D. de Paris, avoua tenir trois arpents de pré à Bures, sous le Mesnil, et ce de Guillaume de Courtenai, chevalier. L'acte dressé à cette occasion porte au dos le titre suivant : Aveu pour les prés du Mesnil, tenus d'Angervilliers[2].

Enfin, le 29 novembre 1379, Nicolas de Saint-Benoist, bourgeois de Paris, avoua tenir en fief, à une seule foi et hommage, de noble homme Pierre de Courtenai, « ce qui s'ensuit, assis en la ville et au terroir de Bures : environ 76 sols de cens et un setier d'avoine, lesdits cens portant ventes, cognoissance de ses hostes et de ses censiers apartenant à basse justice... 13 arpents de bois entre ceux de feu Philippe de Chartres et ceux de la demoiselle de Gif, plus 3 arpents 1/2 de pré et aulnoi, » le tout chargé d'un setier de blé d'aumône pure, par an, envers la maladrerie de Châteaufort.

A l'aide de ces trois pièces on peut reconstituer la liste de la troisième famille des seigneurs de Bures.

Nous avons vu que Guillaume de Joinville avait laissé pour héritiers ses neveux, entre lesquels se trouvait Guillaume de Joinville, fils puîné de Gui, seigneur de Sailli, et que ce Guillaume épousa Marie de Tanlai, fille de Robert, petite-fille de Guillaume de Courtenai[3]. Ils vivaient vers 1276.

---

1. Original en parch.
2. Copie de M. A. Le Paige.
3. *Hist. généal. de la maison de Courtenay*, p. 351 et 359.

C'est ce mariage, croyons-nous, qui fit entrer la seigneurie de Bures dans le domaine de Courtenai.

On ne sait pas si Guillaume de Joinville et Marie de Tanlai laissèrent des enfants; mais Jean d'Angervilliers, que nous trouvons en 1319, était un Courtenai; dans l'acte de 1319 et dans les suivants, les aveux n'étaient rendus aux seigneurs d'Angervilliers qu'en leur qualité de seigneurs de Bures. A ce titre ils relevaient eux-mêmes du châtelain de Gometz.

Jean de Courtenai avait épousé Isabelle de Corbeil[1], fille de Jean de Corbeil, seigneur des Grez, nièce d'un maréchal de France et d'un évêque d'Auxerre. Ce n'est cependant pas dans sa lignée directe qu'on retrouve la possession de notre seigneurie. Guillaume de Courtenai, seigneur de Bures en 1356, n'était que le neveu du précédent[2]. On ne sait rien sur sa vie; mais on a plus de renseignements sur celle de Pierre, son fils.

Pierre de Courtenai avait épousé Jeanne de Bode, dont la vie fut aventureuse et la fin tragique. Pierre, dit un document contemporain, se montra « homme convenable, de bon estat et suffisant au regard de sa femme. » Néanmoins elle se déporta, « par si longtemps et par tant de fois, » qu'il vint à la cognoissance dudit Pierre, « lequel pour la destourner de mauvaise voye, lui dist et monstra moult amiablement qu'elle se voulsist tenir de mener telle vie, et de lui faire tel déshonneur, et il lui pardonneroit ce qui estoit passé, et ces paroles lui dist et luy pardonna son mesfait par plusieurs fois; mais tousjours y rencheoit-elle, et ne s'en vouloit tenir. » L'infortuné mari renvoya dans sa famille Jeanne de Bode qui s'enfuit à Paris où elle « mena longuement vie plus dissolue que paravant n'avoit fait. » Pierre ne se découragea pas. Il la reprit avec lui et « eust d'elle une fort belle fille »; puis, pour plus de sûreté, il résolut d'aller habiter avec elle en Touraine. Mais, à Orléans, un ordre du connétable l'appela au siége de Montpaon, et Jeanne de Bode vécut avec les écoliers d'Orléans comme avec les seigneurs de Paris. Quand son mari revint et reprit le chemin de la Touraine avec sa femme, il apprit d'un sien valet ce qui s'était passé et « voyant qu'elle persevéroit si longuement audit péché et ne s'en vouloit tenir pour peine que

---

1. *Hist. généál. de la maison de Courtenay*, p. 386.
2. Guillaume ou Guillemin de Courtenai, seigneur de Bondoufle. L'abbé Lebeuf paraît avoir ignoré cette suite des seigneurs de Bondoufle.

ledit escuyer y meist, meu de courroux... la feist faillir en un puis qu'il veit en chevauchant leur chemin en la paroisse de Tre-miner[1], duquel fut traicte morte et mise en terre par les gens du pays. » Pierre obtint facilement des lettres de grâce, 18 août 1375. L'année suivante nous le voyons servir en Normandie sous les ordres de M. de la Riviere et de Guillaume de Bordes[2].

Pierre de Courtenai avait eu au moins une fille, qui vivait encore en 1375. Toutefois, Bures passa à des collatéraux, peut-être à son frère Guillaume de Courtenai[3], plus vraisemblablement à sa nièce, Jacqueline, qui fut certainement dame de Bures vers 1386.

La fortune de Courtenai, mal ménagée, était quasi réduite à la nue-propriété. Bures fut, en 1382, donné en gage à Robert de la Noue, écuyer. Le fief était alors réduit à sa plus simple expression, comme on peut le voir par un aveu que rendit au roi, cette même année, Jean de Craon, chevalier, seigneur de la Suze et de Gometz-le-Châtel. « Le fief de Bures, est-il dit dans cet aveu, se consiste en un hébergement et manoir, clos à fossez, estables, cour, jardin et saussaies, contenant deux arpents environ, et deux moulins à eau, avec quinze arpents de pré qu environ et quarante arpents de bois taillis et 40 livres tournois de censives... item, un jardin clos à murs et de la rivière d'Ivette appelé l'Atellier (sic), contenant un arpent ou environ avec les rivières vive et morte dudit Bures.»

C'était là un bien petit domaine. Encore est-il douteux que le manoir fût en bon état.

Jean de Craon dénombre ensuite le fief du Grand-Mesnil, des Ullys, de Launai, du Petit-Mesnil, que tenait Jacques de Walles, écuyer, et le fief de Montjai, que tenait Guillaume des Essarts. Le Grand-Mesnil comprenait « manoir seigneurial, colombier, granges, étables, bergeries, pressoir et cour. » Launai avait aussi un petit manoir. A Montjai, se trouvait également « manoir manable, colombier, jardin, métairie, justice et con-

---

1. Aujourd'hui Terminiers (Eure-et-Loir, arr. Châteaudun, cant. Orgères).

2. *Hist. généal. de la maison de Courtenay*, p. 385.

3. *Hist. généal. de la maison de Courtenay*, p. 389. — Guillaume de Cour-tenai avait été capitaine et garde du pont et ville de Saint-Cloud, en 1359; puis vers 1361, maître des requêtes (ses gages étaient dix sols par jour); puis, il fut privé de sa charge par les réformateurs du royaume. Il laissa huit enfants, dont trois seulement sont connus, savoir, Jacqueline, et deux fils, Jean et André, chanoines de Saint-Jean-le-Rond, à Paris, en 1392.

naissance de ses hôtes. » Tous ces fiefs sont présentés comme arrière-fiefs de Gometz. Évidemment Jean de Craon, de Walles et des Essarts avaient intérêt à présenter la situation sous ce jour et à supprimer l'intermédiaire de la seigneurie de Bures. Qui d'ailleurs aurait pu les contredire? Robert de la Noue n'y avait qu'un médiocre intérêt, et Jacqueline de Courtenai ne devait pas être très-bonne ménagère, si l'on en croit l'historien de sa maison. « Après avoir fait profession dans l'abbaye de Gif, elle sortit de son monastère et mena assez longtemps une vie licencieuse avec un prieur, lequel estant décédé, elle se maria publiquement avec un nommé Jacquemin le Pourpointier; mais, l'évêque de Paris ayant déclaré son mariage nul, elle reprit son habit et fut mise dans l'abbaye de Saint-Cyr, au diocèse de Chartres[1]. » Hâtons-nous de dire qu'elle paraît avoir donné une bonne fin à une mauvaise vie, puisqu'en 1405, elle avait alors cinquante ans, on éleva l'ex-châtelaine de Bures à la dignité de prieure de Villarceaux.

Comme on le pense, notre fief ne tarda pas à changer de maître. L'an 1386 vit l'avénement de la quatrième famille des seigneurs de Bures. « Noble homme, monseigneur Arnoul de Puyseux, chevalier, m[e] d'hôtel du roi, » de l'ancienne famille de Puisieux au doyenné de Montmorenci[2], acquit, par échange, de damoiselle Jacqueline de Courtenai, demeurant à Poissi, « femme libre et dame de soy » (c'est elle qui prit cette qualité), « une maison qui a esté détruite, avec les jardins appartenant audit hostel, appelée l'hostel de Bures, avec toute telle seigneurie et justice que la damoiselle a accoutumé à avoir..... avec tous les fiefs et arrière-fiefs appartenant audit hostel de Bures. » Ce fut le dernier acte des seigneurs de Bures-Courtenai.

§ 4. QUATRIÈME FAMILLE DES SEIGNEURS DE BURES.

Arnoul de Puisieux était un des serviteurs de Charles V, de ce roi sage et habile, qui sut entourer son gouvernement de tant

---

1. *Hist. généal. de la maison de Courtenay*, p. 391.
2. Ce nom a été écrit Puisieux et Pisieux. Voyez Lebeuf, *Histoire du diocèse de Paris*, t. V, p. 507. Voyez aussi les *Comptes de l'Hôtel*, publiés par M. Douët d'Arcq, pour la *Société de l'Histoire de France* (1865), p. 13, 174, 184, 200, 247.

d'hommes formés à son image. Ce n'était pas sans préméditation qu'il avait porté ses pas vers les bords de l'Ivette. Il acheta d'abord Orsai, puis (29 décembre 1399) « une masure appelée Vallaron, » fief mouvant « de l'hostel seigneurial de Bures[1]. » Le fief de Moulon, celui des Bordes, à Saint-Aubin, devinrent également sa propriété. Puis, ayant ainsi constitué un grand domaine, il fit rebâtir le château seigneurial de Bures, qui allait devenir le point le plus important de cette partie de la vallée. Tout annonçait le commencement d'une ère de prospérité, au moins de restauration, lorsque la mort vint interrompre l'œuvre commencée[2].

Par malheur, la famille d'Arnoul de Puisieux ne put garder tout le domaine. Un des fils, Blanchet, eut dans son lot Moulon et le fief des Bordes, près Champoudry[3]. Son frère, Jaquet, conserva Bures, ramené aux proportions de l'héritage de Jacqueline de Courtenai. Orsai fut vendu à un homme de haute situation, de grande fortune et dont la descendance conserva pendant trois siècles les qualités maîtresses du propriétaire. Cet homme était Raimond Raguier, maître de la chambre aux deniers du roi[4]. Cet événement eut la plus grande influence sur l'avenir respectif de Bures et d'Orsai.

Raimond Raguier reprit, mais à l'inverse, l'entreprise d'Arnoul de Puisieux. Etabli à Orsai, il chercha à s'étendre du côté de Bures. En 1402, il racheta les censives qu'y possédait maître Charles du Poule, dit le Flamenc[5]. Ces censives dépendaient pour 45 livres des hoirs de Puisieux, pour 15 livres de madame de Bièvre, pour 165 livres de Jean de Seure et pour 75 livres de feu Jean le Maréchal. On verra par la suite que le territoire débiteur de ce droit correspondait à la circonscription du Petit-Mesnil et de Launai. Jean de Seurre[6], Jean le Maréchal[7], madame de Bièvre

---

1. « Noble homme messire Arnoul de Pisieux..., seigneur d'Orsay-lès-Palaiseau, achète une masure etc. de Guillaume de Chartres, écuyer, héritier de Guillaumet de Chartres, son père. »

2. Arnoul de Puisieux mourut le 17 août 1400 et fut inhumé dans l'abbaye d'Hérivaux. Lebeuf, *Hist. du diocèse de Paris,* t. IV, p. 509.

3. Ms. Lepaige, extraits d'Orsai.

4. Raimond Raguier se qualifiait seigneur d'Orsai, dès juin 1402.

5. Original en parchemin.

6. En février 1400, Jean de Seure, chevalier, était « maistre d'ostel » de la reine. (*Comptes de l'Hôtel,* p. 135.) Il reçut « 25 écus d'or à la couronne de 18 sols la pièce » pour droit de vente et quint denier des 165 livres de cens.

7. Jean le Maréchal avait été maître de la Monnaie d'or (*Ordonnances,* t. X,

étaient vraisemblablement des héritiers de Guillaume de Courtenai. Deux autres Courtenai, des cadets sans doute, figurent
dans l'acte de vente à l'état de simples débiteurs de cens. Par
ces acquisitions, le nouveau seigneur d'Orsai étendait sa suzeraineté jusqu'aux portes du manoir de Bures. Aussi, dès 1409,
s'intitulait-il seigneur de Bures en partie, et donnait à Jacquet de
Puisieux la qualification ambiguë de « seigneur de la Motte de
Bures. » Enfin, Raguier éleva à Orsai un château magnifique[1].
Puis, il compléta l'assiette de sa domination dans le pays par le
mariage de sa fille Gillette avec Bureau Boucher, fils d'Arnoul
Boucher, trésorier des guerres, seigneur du Mesnil-Blondel[2].
Mais à quelle époque fut-on soumis à plus de vicissitudes qu'au
xve siècle? Raimond Raguier ne tarda pas à se trouver exposé au
contre-coup des affaires politiques de son temps. En 1416 (14 mai),
il prit la parole dans une séance du Conseil et déclara, au nom
de ses collègues, qu'il n'y avait plus « rien en finances, qui ne
fut jà emploié et mangié jusques au mois de juing. » Et
Messieurs des Comptes demandaient à être déchargés de leurs
offices. Au même moment, on apportait certaines lettres du duc
de Bourgogne, « contenans menace de feu et de sang contre ceulx
qui gouvernent à présent... rapineurs, dissipeurs, tirans, trais-
tres, etc.[3] » Ce n'étaient pas de vaines menaces. Car, peu après, le
duc faisait assiéger le château d'Orsai; Raimond Raguier était
obligé de se retirer à Bourges, où il mourait le 12 août 1421. Son
gendre, Bureau Boucher, était aussi resté fidèle à la cause royale,
et avait été nommé conseiller à la Cour souveraine établie à Poi-
tiers (1418)[4].

Ce qu'il advint du domaine de Bures et des environs pendant
cette triste période, un acte de dame Marguerite la Picarde, abbesse
de Gif, en donne la triste idée. Lorsqu'au sortir de ces longues
épreuves on commença à se reconnaître, elle déclara (26 mai 1452)
que à l'occasion des guerres son église a été ruinée, « tellement

p. 188). Sa veuve s'appelait Jeanne la Choiselle (Acte de foi et hommage de
Raimon Raguier).

1. Lebeuf, *Hist. du diocèse de Paris*, t. VIII, p. 123.

2. En 1407, Arnoul Boucher était conseiller à la Chambre des Comptes,
Ordonn. des rois, t. IX, p. 212.

3. *Pièces inédites du règne de Charles VI*, publiées par M. Douët d'Arcq,
p. 389.

4. *Ordonnances*, t. X, p. 477.

qu'il n'y a aucunes autres religieuses ni couvent »; que le moulin
de Bures « est chu et n'y a que la place, » ce qui lui a fait perdre
une rente de six setiers. Le meunier ne voulait pas le relever si
on ne diminuait ses charges; et la bonne abbesse, « acertainée
des ruines et dépopulation du peuple et que tous les héritages de
son église et d'environ sont dès longtemps en bois, buissons et
non-valoir, » réduisit la rente de moitié[1].

A cette époque, Jacquet de Puisieux était mort, laissant la
« motte de Bures » à sa fille Jeanne, mariée à Jean de Chazai,
troisième et avant-dernier seigneur de cette dynastie.

Jean de Chazai paraît avoir essayé aussi une œuvre de réparation. Il racheta (2 janvier 1455) deux nobles fiefs, dont l'un, assis
sur le grand moulin, relevait directement du seigneur de Gometz et était appelé Montigni, du nom de son possesseur[2]. Lubin
Raguier, fils de Jacques Raguier, avait eu en main des lettres de
vendition, qui furent cancelées, parce que Jean de Chazai usa de
son droit de retrait féodal. Le nom de l'autre fief est incertain,
mais tous deux, « dès longtemps, à l'occasion des guerres, sont
en friche et non valeur, » dit l'acte. De même, 60 sous de cens
n'étaient pas payés, les héritages débiteurs étant un désert.

On conçoit aisément que les seigneurs d'un si pauvre pays ne
fussent pas riches. A la mort de Jean de Chazai (1478), son fils
Antoine ne s'intitulait plus que seigneur de Bures *en partie*
(6 juillet 1481). Hors d'état de payer une rente de six écus d'or,
il fut obligé de demander terme et délai, s'obligeant, s'il ne pouvait racheter la rente dans 6 ans, à « mettre la terre et seigneurie
de Bures en criées (30 mars 1478). » Il n'y eut pas criée, mais
vente. Le 26 mai 1481, Antoine Sanguin, écuyer, seigneur de
Meudon, se rendait, sous une forme détournée, maître du domaine
des Puisieux[3]. Dans l'acte de vente, le fief et l'hôtel seigneurial
sont modestement décrits, « ung fief nommé la Court, contenant
maison, court, pourpris »; le reste à l'avenant. Le vendeur déclare
quant aux cens, qu'ils reviennent comme à néant, parce qu'il ne
sait bonnement « l'assignation d'iceulx ne qui les tient de présent. »

Ce fief de la Court n'avait pas d'étendue. Montjai, Grand-Mesnil,
l'Aleu, le Petit-Mesnil, le Petit-Launai, n'en relevaient pas ou au

---

1. Copie de M. Lepaige.

2. Ce fief avait été possédé par Gautier Petit, et par Régnier de Montigni.

3. Copie notariée de 1521. L'original était perdu dès le xviii⁰ siècle. — Le
6 juillet 1481, Sanguin se qualifie de panetier du Roi.

moins affectaient de n'en pas relever. Le démembrement était encore patent et Adam Boucher, seigneur d'Orsai, s'intitulait seigneur de Bures en partie. Mais c'est alors que commença une lutte assez vive entre les deux seigneuries voisines.

§ 5. CINQUIÈME FAMILLE DES SEIGNEURS DE BURES.

En moins de cent ans et en quatre générations, la branche de la famille des Puiseux de Bures était desséchée et devait céder la place à ce nouveau rameau qui ne manquera jamais à l'arbre de la propriété. Comme tout n'est qu'heur et malheur en ce monde, Bures, délaissé par des maîtres trop faibles, tomba au pouvoir de maîtres trop puissants pour donner assez d'attention à cette petite terre. Antoine Sanguin, le premier acquéreur, puis après lui, mais à un moindre degré, Jean Sanguin, s'intéressèrent d'abord à leur seigneurie. Leurs successeurs, au contraire, y vinrent peu ou point, l'abandonnèrent à des intendants et enfin la laissèrent tomber en quenouille. Cette nouvelle phase, comme la précédente, durera un siècle et épuisera encore la vie de quatre générations; puis le temps fera son œuvre et donnera de nouveau des maîtres périssables à cette petite portion de l'impérissable domaine du monde.

La famille Sanguin était d'ancienneté connue à Paris[1]. Bourgeoise, mais très-riche, elle prêta tant d'argent aux nobles qu'elle prit comme un vernis de noblesse. Jean Sanguin, chevalier, seigneur des Mafliers, avait épousé Yonne de Seure, dame d'Angervilliers et héritière de ce Jean de Seure qui, en 1402, possédait une partie du fief de Bures, acheté par Raimond Raguier. Ce dernier, et c'est une coïncidence curieuse, avait alors et peut-être pour cette acquisition emprunté 200 livres à Guillaume Sanguin, frère de Jean[2], et père d'Antoine Sanguin, qui devait être seigneur de Bures et voisin des Boucher d'Orsai, héritiers de Raguier.

Avec la fin du règne de Louis XI commença une ère de prospérité. Depuis la Ligue du Bien Public et la bataille de Montlhéri, l'Ile-de-France n'avait point vu de bandes armées. Bures, où

---

1. Lebeuf, *Histoire du diocèse de Paris*, t. VIII, p. 374.
2. Jean Sanguin était mort avant le 2 août 1469.

l'acte de 1481 révèle encore l'effet persistant des guerres anglaises, ressentit promptement les bienfaits de ce régime réparateur. Antoine Sanguin s'occupa activement de son domaine. En cette année 1481 et dans les deux suivantes, presque tous les baux furent renouvelés. Il imposa aux preneurs l'obligation de défricher « à tire et à haire, » de mettre en bon labour et valeur, de bâtir. Puis il s'agrandit. Il acquit de Guillaume Claustre les droits féodaux du fief d'Orillac (la Guyonnerie). C'était une première conquête sur les Boucher. Puis (le 29 avril 1488), il se rendit maître du fief des Ullys. En 1494, il acquit la suzeraineté de Montjai, qui à partir de ce moment releva en plein fief de Bures. Sa fortune personnelle avait été rapide. Il était panetier du roi dès juillet 1481. Le 19 mai 1484, il se dit maître et général réformateur des eaux et forêts des pays de France, Champagne et Brie. Le 10 juin 1486, il est conseiller du Roi, maître des eaux et forêts. En octobre 1496, il ajouta aux seigneuries de Meudon et de Bures celle d'Angervilliers[1].

Au moment où se fortifiait la puissance de la famille Sanguin, celle des Boucher d'Orsai était à plusieurs reprises atteinte par la loi de la division successorale.

Bureau Boucher mourut (avant 1469), laissant quatre fils et plusieurs filles ;

Jean, l'aîné, qui garda trois cinquièmes de la terre d'Orsai et un manoir ;

Adam, qui eut, pour sa part, les deux cinquièmes restant d'Orsai et un manoir, plus le Petit-Mesnil et le Petit-Launai de Bures, des fiefs à Saint-Aubin et au Mesnil Blondel ;

Arnoul, dont on ne connaît pas la fortune ;

Bureau Boucher, chanoine de Saint-Merri.

Des trois filles, l'une, Michelle, reçut, entre autres biens, 5 liv. de rente sur le moulin de Bures.

Adam, seigneur du Petit-Mesnil et de Launai, mourut (vers 1502), laissant une nombreuse postérité, cinq garçons et deux filles. Raimond, l'aîné, prit Launai de Bures ; Charles, le second, reçut le Petit-Mesnil, qu'il ne garda pas longtemps, puisque, vers 1525, il était allé rejoindre ses pères. Il n'avait comme héritier qu'un fils, Claude, et qu'une fille, Charlotte, qui devint dame de notre Petit-Mesnil.

---

1. A la mort de Yonne Sanguin.

De ce coup, le domaine des Boucher à Bures était partagé en trois. Celui d'Orsai, nous l'avons vu, était également divisé. Mais ces Boucher avaient, entre autres qualités, le respect des liens de famille. C'est ainsi que Raimond et Philippe Boucher, frères de Charles Boucher, prirent soin des intérêts de leur neveu et nièce, Claude et Charlotte Boucher, à qui était échue la seigneurie de Bures en partie. Le 30 septembre 1525, ils exposaient au roi « qu'il leur est dû des droits seigneuriaux », compromis à l'occasion des guerres et divisions et pestilences » par la perte des papiers terriers, cartulaires et enseignements, par grant mortalité des procureurs « et aussi par grant malice des tenanciers. » Le roi, en chancellerie, les autorisa à faire dresser un nouveau terrier, et le prevôt de Paris commit à ce soin quatre personnes parmi lesquelles Guillaume Guichoux, curé de Bures, qui substituait le tabellion de Gometz. Dès le 15 octobre, les quatre experts étaient réunis à l'hôtel de Jean Adam le jeune, tavernier à Bures, où l'on avait convoqué les tenanciers du Petit-Mesnil. La lecture de l'état qui fut dressé prouve la vérité des allégations qui précèdent. Il est très-difficile de le comparer, non-seulement au titre de 1402, mais aux baux passés par Adam Boucher, depuis 1472 jusqu'à 1502. Les tenanciers ne portent plus les mêmes noms, ce qui indique un renouvellement de population. Cependant on remarque une certaine augmentation de cens, preuve d'un retour à la culture. Enfin, il n'est plus question de friches ni de ruines.

Les Boucher avaient d'ailleurs de bonnes raisons de mettre ordre à leurs affaires, car ils étaient l'objet de vives poursuites de la part des Sanguin. Un procès entre les deux familles, commencé depuis 1441, ne fut terminé qu'en 1539. De part et d'autre il nécessita de nombreuses reprises d'instances par suite de décès. Deux générations de plaideurs succombèrent à la peine. Voici les causes et l'issue de cette mémorable litispendance.

Guillaume Sanguin, échanson du roi, avait le 12 avril 1410 acheté de Raimond Raguier, maître en la Chambre aux deniers, deux cents livres parisis de rente hypothéquées par ce dernier sur son hôtel de la rue Bourg-Thiboust[1] et sur son hôtel d'Orsai et de La Martinière et sur tous ses biens. Il donna ensuite cette rente à son petit-fils, Antoine Sanguin, seigneur de Meudon, qui

_____

1. « Près le cimetière de l'église Saint-Jehan-en-Grève. »

en 1441 assigna en paiement d'arrérages Bureau Boucher, mari de Gillette Raguier, fille de Raimond. Mais Bureau Boucher mourut (1439) et le procès n'était pas fini lorsque Antoine Sanguin fut rejoindre sa partie dans l'autre monde.

Leurs enfants reprirent l'instance. Toutefois, il était arrivé « que par laps de temps les escriptures baillées par les prédécesseurs des dites parties avoient esté adirées et perdues, » et il fallut un arrêt pour les faire rétablir. Alors, les Boucher prétendirent que la rente était prescrite. Les Sanguin opposèrent des causes d'interruption de prescription. On pense bien que, pendant cette longue lutte, les adversaires n'avaient pas négligé les diversions. Jean Sanguin, profitant de la situation difficile des Boucher, avait fait placer leurs biens de Bures sous « la main confortative de commissaires royaux. » Héritier de Yonne de Seure, il décida les Boucher (14 septembre 1508) à renoncer à certains droits de suzeraineté auxquels ils prétendaient sur le Petit-Mesnil, peut-être parce qu'ils avaient racheté les droits de quelqu'un des héritiers des Courtenai. Ces hostilités locales ne cessèrent pas jusqu'au prononcé de l'arrêt[1] définitif sur le grand procès (9 février 1539). Cet arrêt, Jean Sanguin ne l'entendit pas[2]. Il mourut sans enfants, et à sa mort on eût pu prévoir la décadence de sa famille et de nouvelles épreuves pour la seigneurie de Bures.

Jean laissa ses biens à son frère Antoine, évêque d'Orléans. C'était indirectement les donner à la fille d'Anne Sanguin, sa sœur, c'est-à-dire à la célèbre Anne de Pisseleu, qui effectivement devint un an plus tard, en 1540, dame de Bures.

On sait que le roi François Ier, au sortir des ténèbres de sa prison d'Espagne (1525), avait été ébloui par la beauté de cette jeune personne, alors fille d'honneur de Louise de Savoie. La famille Sanguin eût silencieusement subi cette distinction royale, on l'excuserait; mais elle voulut en tirer profit, et cédant ainsi à ses instincts mercenaires, elle prépara, par un juste retour, sa prompte extinction.

---

1. Cet arrêt de 1539 avait été précédé d'une autre décision rendue en 1537 et dont l'expédition n'a pas exigé moins que le sacrifice de dix moutons, dont les peaux cousues les unes aux autres mesurent six mètres de long.

2. Suivant le P. Anselme, Jean Sanguin serait mort après 1539. L'abbé Lebeuf est moins affirmatif. Jean Sanguin vivait encore le 22 mars 1538 (avant Pâques), et il était mort avant le 9 février 1539.

A peine élevée au rang de favorite, Anne de Pisseleu reçut de son oncle Antoine, alors simple chanoine de la Sainte-Chapelle, la nue-propriété de la terre de Meudon (1527)[1]. Antoine devint aussitôt abbé de Fleuri-sur-Loire, puis, en 1533, évêque d'Orléans. A sa première libéralité, il ajouta l'usufruit de Meudon (1537) et devint cardinal (1539). Cette même année, la mort de son frère Jean le fit seigneur de Bures et d'Angervilliers et, dès 1540, il avait transporté ce domaine à sa toute-puissante nièce. Il fut le premier ecclésiastique promu à l'office de grand aumônier de France[2]. C'était du reste, paraît-il, un homme de mérite. Lors de l'invasion de la France par Charles-Quint, le roi lui confia la charge de gouverneur de Paris.

Bien qu'aux termes de l'acte du 2 juin 1540[3], le cardinal eût fait sans réserve donation de Bures à Anne de Pisseleu, des actes authentiques prouvent qu'il conserva cette seigneurie jusqu'en 1545 au moins. A cette date (10 mars 1545), il reçut l'hommage d'Arnoul Boucher, sieur d'Orsai, conseiller au Parlement, pour les fiefs du Grand-Mesnil et de Launai. On a, en outre, le compte que lui rendit son receveur, Bernard Tricot, pour cinq années, de 1539 à 1543.

Le 1er septembre 1540, jour de la Saint-Leu, la maison seigneuriale fut brûlée. La réparation équivalut à une reconstruction[4]. Une tradition ancienne fait aussi remonter au cardinal de Meudon l'édification de l'église de Bures. Évidemment ces travaux furent la moindre préoccupation de l'homme qui bâtissait à la fois le château de Meudon[5], celui de Limours[6] et l'hôtel Saint-Paul à Paris[7].

Le 2 juin 1540, étant à Fontainebleau, le cardinal de Meu-

---

1. Lebeuf, *Hist. du diocèse de Paris*, t. VIII, p. 376. Jean avait cessé de prendre le titre de seigneur de Meudon depuis 1526.

2. Le P. Anselme, *Hist. des grands officiers*, p. 1144 (édition de 1712). Précédemment il n'y avait eu qu'un grand aumônier du Roi, aumônier de France.

3. Cet acte fut reçu par maître Davour, notaire de Fontainebleau, territoire de Moret. Nous n'avons vu qu'une copie de copie. Peut-être la date de 1540 est-elle inexacte.

4. Compte de Bernard Tricot.

5. Lebeuf, *Hist. du diocèse de Paris*.

6. Comptes de B. Tricot, sieur du Bas-Moulon.

7. Le P. Anselme, *l. c.* — On y voyait encore ses armes du temps du P. Anselme.

don, évêque d'Orléans, frère et héritier universel de messire Jean Sanguin, « donna les terres d'Angervilliers et de Bures à haute et puissante dame Anne de Pisseleu, sa nièce, femme de haut et puissant seigneur, Jean de Bretagne, 2 juin 1540. »

A ce moment commença pour la seigneurie de Bures une nouvelle série d'épreuves, celle qu'on a caractérisée par le mot moderne d'absentéisme. Antoine et Jean Sanguin avaient relativement pris soin de leur domaine. Le cardinal de Meudon le négligea complétement. Anne de Pisseleu n'y songea qu'après la perte de sa faveur, et au seul point de vue de l'accroissement de ses revenus.

François Ier mort, la favorite fut exposée aux rancunes de tous ceux dont sa fortune avait irrité l'orgueil et à la vengeance de son mari. Jean de Brosse, aussi méprisable qu'elle, lui intenta un procès. Ce mari offensé, mais de son consentement, se plaignait de ce que ladite dame recevait les gages de son état de gouverneur de Bretagne et que lui ne jouissait de rien. « On ignore l'issue de ce procès ; il y a toute apparence que la femme n'étant plus en faveur, on rendit justice au mari[1]. » Nous pouvons deviner ce qu'ignorait l'auteur de cette réflexion maligne. Jean de Brosse ou de Bretagne eut sans doute quelque commencement de succès. En effet, en septembre 1547, comme seigneur de Bures, il recevait à foi et hommage Arnoul Boucher, seigneur du Petit-Mesnil. Trois ans plus tard, « haulte et puissante dame, Anne de Pisseleu, duchesse d'Estampes, dame d'Egreville, de Bransle et de Bures, femme séparée quant aux biens de messire Jean de Bretagne, chevalier de l'Ordre, duc d'Estampes », obligeait le même Arnoul Boucher à lui renouveler l'aveu de vassalité déjà porté à son mari. Puis (1553), elle loua Bures et toutes ses appartenances à un fermier, Etienne Quesnoy, praticien, domicilié à Joui-en-Josas, pour 250 liv. par an[2]. Neuf ans plus tard, le 4 avril 1564[3], elle donna l'usufruit de Bures à sa nièce Byenne de Barbanson[4], femme de Jean de Rohan, chevalier, seigneur de Frontenai, pour lui tenir lieu de 300 livres de rente sur l'Hôtel-de-Ville de Paris. Jean de Rohan était cou-

---

1. Note de l'éditeur des mémoires de Vieilleville, t. I, p. 312 (éd. 1757).

2. On n'a qu'une mention de ce bail du 9 mai 1553. L'original a été détruit dès le XVIᵉ siècle.

3. Elle se qualifie dame d'Aigreville, de Chailleau, d'Angervilliers et de Bures.

4. Elle était fille de M. de Barbanson, seigneur de Cany, et de Perronne de Pisseleu, sœur aînée d'Anne.

sin du roi de Navarre, et on supposait qu'il avait épousé Byenne
« à la mode de Genève », à Argenteuil, par le ministère de Théo-
dore de Bèze, en présence du prince de Condé et de Marguerite
de Navarre[1]. Il conserva le fief, au moins jusqu'en juillet 1566; il
se qualifia même de baron de Bures. Mais, l'année suivante, on
trouve Nicolas de Barbanson, seigneur de Bures, par suite de
quelque arrangement de famille dont la cause nous est inconnue
ainsi que celle de la réversion de la seigneurie à Anne de Pisseleu.
Peut-être Barbanson partagea-t-il le sort de Jean de Craon,
une des victimes de la Saint-Barthelemi (25 août 1572). C'est en
effet le 3 septembre, huit jours après cette sanglante journée, que
la duchesse d'Étampes, veuve depuis le 2 janvier 1565, donna
Bures à Charles de Barbanson, son neveu, gentilhomme ordinaire
de la Chambre du roi. Puis elle se le fit rétrocéder le 11 mai
1575, par échange avec « une maison, cour et jardin, assise à Paris
à la closture (sic) Sainte-Catherine, entourée de quatre rues, appelée l'hostel Sainte-Corneille. » Elle avait élu (18 octobre 1575)
pour mandataire un sieur François de la Gorse, écuyer du roi,
grand trésorier de France, qui s'est qualifié seigneur de Bures
dans plusieurs actes[2]. On savait si peu alors qui était le véritable
titulaire de notre seigneurie que M. de Harville, seigneur de
Palaiseau, rendant foi et hommage pour le fief de Mongouverne
et étant devant l'hôtel de Bures, « teste nue, sans ceinture, dague,
espée ne esperons, » appela par trois fois : « Monseigneur ou
dame de Bures, estes-vous céans[3]? »

Il semble qu'Anne de Pisseleu reprit à la fin plus d'intérêt à son
domaine. Au moins, avait-elle entrepris deux ou trois procès avec
ses voisins quand elle mourut en septembre 1580[4].

Comme la famille des Puisieux, celle des Sanguin avait possédé
Bures environ cent ans. La loi de la division des héritages

1. *Mémoires de Condé*, t. I, p. 55.
2. Actes copiés par M. Lepaige.
3. Relation notariée de cet aveu.
4. On paraît avoir ignoré jusqu'ici la date de sa mort. Dans l'*Annuaire de la
Société de l'Histoire de France*, pour 1856, on lit (p. 275) qu'elle vivait
encore en 1575. Nous pouvons être un peu plus précis. Le 30 juillet 1580,
une sentence des requêtes du palais fut rendue à son profit contre M. de
Balzac, seigneur de Gometz, et, le 19 septembre, même année, le juge de
Saint-Clair autorise un recours contre Madame d'Estampes ou autre, ce qui
ne s'explique en l'espèce que par la connaissance de son décès.

avait appauvri la première. La seconde dépérit par l'effet d'une ambition qui voulut concentrer toute la fortune sur la seule tête d'Anne de Pisseleu, stérile héritière de tant de biens.

Charles de Barbanson redevint donc seigneur de Bures, qu'il ne garda pas longtemps. En 1581 (4 octobre), il le vendit à « noble homme, messire Antoine de Chaulnes, conseiller du roy, trésorier de l'extraordinaire de ses guerres et aussi trésorier général de la royne d'Escosse, demeurant rue des Poullies, paroisse de Saint-Germain. »

La vente comprend la justice haute, moyenne et basse. Les fiefs en dépendant étaient Noisemont, Orillac, les Ullys, Villefeu, l'Aleu, Grand-Mesnil, Petit-Mesnil, Launai, Montjai, Mongouverne, la Rochette, Lunasi.

Le prix était 5000 écus d'or au soleil « et de deux courteaux de cent écus d'or », ou leur prix. La vente volontaire fut suivie d'une adjudication sur décret et le prix porté à 5250 écus. A la purge, il se présenta pour 3000 écus d'oppositions.

Le 5 février 1582, M. de Chaulnes rendit la foi et hommage à Charles de Balzac, chevalier de l'ordre du roi, « logé au faubourg Saint-Germain, en une maison où pend pour enseigne l'Annonciation. » Il en fournit l'aveu et dénombrement en 1583, et le remit à Robert de Balzac, seigneur de la Boissette, fils de Charles de Balzac. Le domaine de Bures passait à une sixième famille.

§ 6. SIXIÈME FAMILLE DES SEIGNEURS DE BURES.

Antoine de Chaulnes, originaire d'Auxerre, où l'un de ses frères exerçait un négoce, appartenait à cette partie de la famille militaire qui, de nos jours, forme le corps de l'Intendance. Il était trésorier de l'extraordinaire des guerres, charge de finance et d'épée à la fois. Selon toute apparence, sa noblesse était personnelle. Avant d'acheter Bures, il se qualifiait de seigneur de Junai, village de l'Auxerrois. Mais, entre tous les titres, il en est un qui le rend particulièrement recommandable. La confiance du prince l'éleva à la dignité de trésorier de la reine d'Écosse. Il semble qu'avoir été jugé digne d'approcher de cette majesté si gracieuse est l'indice d'un caractère heureusement doué. Tel nous apparaît Antoine de Chaulnes, net et précis comme un trésorier, ferme comme un soldat, bon mari, bon père, bon français, ajoutons bon seigneur de Bures.

Un seigneur à Bures! cela surprit bien et les intendants et les villageois et les châtelains des environs. Tout aussitôt, le suzerain, M. de Balzac, seigneur de Gometz, contesta à son nouveau vassal la banalité des moulins et le droit à la haute justice; il prétendit également que Montjai relevait directement de Gometz. Mais Antoine de Chaulnes ne se laissa pas détourner de son projet de rétablir la seigneurie de Bures. De 1582 à 1593, il n'employa pas moins de 2000 écus en 40 acquisitions environ, faites surtout en vue d'agrandir son parc. En étudiant les prix, on peut voir qu'en ce temps-là, comme de tout temps peut-être, les propriétaires possédaient l'art de faire payer la convenance. Plus d'un coin de terre, baillé au cens d'un sou l'arpent par les Sanguin, fut racheté, à de hauts prix, moins d'un siècle plus tard par leur successeur féodal. Antoine de Chaulnes embellit le château et réédifia le colombier. Il aimait par-dessus tout les eaux. Celles d'une fontaine voisine furent amenées dans son parterre. Il se rendit maître à grands frais (son fils dit qu'il ne dépensa pas moins de 8000 écus) de celles de l'Ivette, tantôt trop abondantes, tantôt trop lentes. Les sables avaient encombré le lit de la rivière morte. Il le recreusa et les murs de son manoir se reflétèrent dans une eau claire et courante. L'affection qu'il ressentait pour Bures, il l'inspira à sa famille. Sa fille, mariée au seigneur de Canaye, fils du célèbre ambassadeur, s'établit dans un petit domaine de notre village, appelé alors le Clos Canaye et dont nous parlerons plus tard.

Bien que beaucoup de liens le rattachassent à Auxerre, c'est dans l'église de Bures qu'Antoine choisit l'emplacement de sa sépulture et de celle de sa femme, qui mourut encore jeune, — elle avait à peine 37 ans, en 1585. Il survécut huit ans, pendant lesquels il continua avec ardeur son œuvre de réorganisation. Grâce à l'ascendant que lui assurait une grande droiture d'esprit jointe à un caractère aimable, il était à la veille de régler avec M. de Balzac les différends qui existaient entre ce seigneur et lui, lorsque la Ligue vint entraver tous ses projets. Cet honnête homme déplorait, nous en avons la preuve[1], ces luttes politiques et religieuses dont le spectacle avait attristé sa vie. Il lui fut donné

---

1. Note de Jean de Chaulnes, son fils.

d'en voir la fin, et d'assister à l'aurore du beau règne de Henri IV. Il mourut le 20 octobre 1593, âgé seulement de 55 ans.

JEAN DE CHAULNES. Antoine de Chaulnes n'était pas mort tout entier. Il avait légué son affection pour sa seigneurie à Jean, son fils aîné, celui-là qui nous a laissé son intime pensée : « J'ai aimé ce petit territoire de Bures. » Entre tous nos seigneurs de Bures, il n'en est pas qui se soit plus identifié avec sa terre. On ne nous en voudra pas de montrer ici, prise sur le vif, cette figure de gentilhomme de campagne. Bien que Jean eût un pied-à-terre à Paris, rue de l'Arbre-Sec, c'est aux champs qu'il passait la plus grande partie de sa vie. On ne lui connaît pas de profession ni dans les finances, ni dans l'armée. Homme d'ordre et grand amateur de parchemins, comme son père, il fit copier en double et copia même de sa main une partie des documents qui nous sont restés. Cependant les procès furent l'objet de son horreur; *paix et pain et bon voisin*, c'était sa devise. On le savait et on en abusa. L'épée se trouva devant la toge et céda.

En effet, Jean de Chaulnes, comme vassal et comme suzerain, se heurta dès ses débuts aux gens du Parlement, aux plus habiles et aux plus haut placés. Vassal, il eut à faire aux MM. de Thou; suzerain, aux MM. Boucher d'Orsai, qui avaient retrouvé une fortune portée alors à son apogée.

Dès le 23 novembre 1594, Jean de Chaulnes se rendit « sur la butte de Gometz », pour porter la foi « au seigneur et dame de Montaigu et dudit Gometz », puis après avoir « desseint son épée et osté ses éperons en signe d'humilité, » nu tête et genou en terre, il baisa « un arbre poirier estant sur le lieu seigneurial » [1].

Il eut aussi son tour de suzeraineté. Le 11 septembre 1595, Charles Boucher, maître des requêtes et président au Grand-Conseil, seigneur d'Orsai, vint prêter foi et hommage à Jean de Chaulnes pour le fief de Launai et du Petit-Mesnil qu'il possédait à Bures. Arrivé devant l'hôtel seigneurial, il descend de cheval, « oste sa ceinture, armes et esperons, se met à genoux, nue teste, criant à haulte voix par trois et diverses fois : Mon seigneur de Bures, estes vous céans? Je suis venu exprès en ce lieu pour

---

1. Acte original en papier. — En 1609, cet usage bizarre n'existait plus. La châtellenie de Gometz venait d'être incorporée au comté de Limours, au profit de Louis Hurault, chevalier, gentilhomme ordinaire de la chambre du Roi. Jean de Chaulnes baisa « le verrou de la chambre seigneuriale. »

vous porter la foi et hommage et prêter le serment de fidélité. — Et à l'instant ledit sieur d'Orsay s'est relevé et a esté baiser, comme de fait il a baisé, le cliquet de la porte principale et entrée dudit lieu seigneurial. » Jean de Chaulnes n'étant pas là, le notaire d'Orsai dressa acte de l'hommage, dont copie fut laissée au concierge.

Comme vassal, le fils d'Antoine de Chaulnes se heurta aux mêmes difficultés qui avaient arrêté son père : contestation sur la mouvance de Montjai, sur les prétentions au droit de haute justice, plantation à Bures d'un poteau aux armes du seigneur de Limours. Le procès se compliqua lorsque ce dernier obtint le transfert de la justice de Gometz à Limours. Jean de Chaulnes résista d'abord. Il s'opposa à la plantation du poteau et obtint une apparence de succès; mais à peine avait-il quitté Bures pour Paris que le poteau fut planté et resta debout huit ou dix ans. Sur le fait du déplacement du siége de la juridiction, il ne fut pas plus heureux. Le comte de Limours lui promit devant M. le président de Thou, son oncle maternel, qu'il le satisferait de son propre mouvement ou par arbitre, ce qu'il lui promit « avec serment, et aussi de sa part me fit jurer (dit la note), que je ne poursuivrois mon opposition et requête que j'avois présentée contre l'enregistrement de ses lettres dudit comté; ce que j'ai effectué de ma part, mais il ne m'a tenu sa promesse; ains a fait planter un poteau en ma seigneurie de Bures, où je me suis encore opposé. J'ai toujours différé sur autres belles promesses que ledit sieur m'a faites, que quand il seroit hors d'affaires avec M⁰ de Sourdys, sa belle-mère, que nous vuiderions par voie d'arbitres ce différend de la Justice, et autres que nous pourrions avoir ensemblement. Mais ces secondes promesses m'ont été aussi assurées que les premières. Plusieurs troubles et ryottes civiles sont arrivées sur ces entrefaites (les troubles des protestans sous les premières années de Louis XIII), que tout est demeuré en suspens, et crois que de mon vivant malheureusement n'en aurai-je la raison, parce que le jeu ne vaut pas la chandele, étant un droit d'honneur qui me couteroit plus à entretenir qu'il ne vaudroit. Mais pour la bannalité de mon moulin attenant au chasteau de Bures, j'y pourrois gagner tous les ans environ 3 muids de bled, mesure de S.-Clère tous les ans. Mais ledit sire comte tire de long tant qu'il peut, pour ce qu'il est en jouissance de tout, et reconoit assez que je ne suis processif. Si de mon vivant je n'en viens à bout, ceux qui viendront après moi fassent mieux. Si j'eusse voulu bailler cinq ou six cents écus, j'ai opinion que toutes choses se fussent accomodées. Mais je ne pouvois faire cela, et pour cause, n'ayant faute de courage. »

Il insista, « pour son honneur dans le pays et pour contrecarrer les sottises et impudences de quelques paysans », déclarant que pour obtenir le droit de justice, il céderait la banalité du moulin. Il demanda même par provision « de pouvoir establir et instituer un sergent qui puisse maintenir l'ordre à Bures, où l'impunité rend le peuple plus méchant, impie et moins craignant Dieu : car ils boivent le plus souvent et jouent durant la messe, et ne se soucient de personne et sont fort insolens et grands larrons de jour et de nuict; et disent qu'ils ne s'en soucient pas; qu'il n'y a pas de justice audict Bures[1]. »

Ce qu'il obtint, on peut le deviner par cette réflexion de son cahier de notes. « De disputer de tels droits cela seroit de plus longue haleine que de prendre un lièvre au gîte; pour en démêler la fusée, je laisserai à faire après moi à ceux qui auront la teste et la bourse mieux ferrée[2]. » Il a dit encore qu'il n'était résolu à passer toute la vie à plaider : « Ceulx qui viendront après moy feront comme ils voudront et pourront; pour moi *pain et paix* c'est ma devise. »

De guerre lasse, il se contenta de demander (14 avril 1628), lorsque la terre de Limours fut saisie sur Louis Hurault, qu'on remît à Gometz la haute justice, transférée à Limours, qui est à deux lieues de Bures. Il est à peine nécessaire de dire que Jean de Chaulnes ne vit pas la fin de ces litiges.

Vassal malheureux, fut-il plus heureux suzerain? Nullement. Son vassal à lui, c'était M. d'Orsai. Or, par le retour de toutes choses ici-bas, le seigneur d'Orsai, que nous avons vû dominer le seigneur de Bures au temps des Chazai et des faibles descendants des Puisieux, lui céder quand Bures était au pouvoir des Sanguin et d'Anne de Pisseleu, le seigneur d'Orsai avait, grâce à sa fortune plus prospère, repris l'ascendant sur son voisin.

La seigneurie d'Orsai, très-divisée après la mort de Bureau Boucher, fut de nouveau, après deux générations, sous la seule

---

1. Ms. autographe de J. de Chaulnes.
2. Cette réflexion est faite sur des questions de droits seigneuriaux.

main d'Arnoul, premier président au Grand-Conseil, mort en 1597. Son fils, Charles, président à ce même conseil, possédait presque autant de droits à Bures que M. de Chaulnes. Par les fiefs du Petit-Mesnil et ses droits sur le Grand-Moulin il pénétrait jusqu'au cœur du domaine. De plus, il était maître de cette grande terre d'Orsai, où il habitait un vaste château dont la magnificence opposait un contraste écrasant pour le modeste aspect du vieux manoir de Bures. Comme bien on pense, un procès entre les deux voisins était pendant aux requêtes du Palais. Une transaction proposée, puis signée le 8 juillet 1609, fixa enfin les limites du Petit-Mesnil. Chose curieuse, le même jour, Jean de Chaulnes protestait. Il dit « qu'il est contraint de signer cette transaction *pour avoir paix* et éviter mille actions que M. d'Orsay lui fait de gaieté de cœur... » Ce fut la grande, la persistante douleur de sa vie. Elle éclate dans plus de cent annotations de sa main sur des pièces qu'il recouvra trop tard ; mais il voulut au moins léguer à ses successeurs le soin de sa vengeance. Il dressa un « Memoyre aux seigneurs de Bures à l'advenir », écrit en vue de faire entamer par ses enfants ces procès dont il avait horreur.

Un jour, il retrouva le papier terrier dressé pour Anne de Pisseleu. « Sy je l'eusse eu auparavant la transactyon que je passay avec Monsyeur le Présydent d'Orçay, je n'eusse esté lézay et trompay de beaucoup... Le dict sieur recognoisant apertement que je n'avoys aulcuns titres pour débattre, il me poursuyvoit furyeusement, de sorte que mes amys me conseillèrent d'acorder ; se que j'exécuttay... J'espère que moy ou mes successeurs de Bures à l'advenyr, par amitié ou par la voie de justice, l'on retyrera une bonne partye desdictes censyves. »

Il ne s'était pas tenu pour battu même de son vivant. « Trois sepmaines devant que ledict seigneur d'Orçay tombast mallade, dont il mourut, promist sa foy en me touchant dans la main que luy montrant lesdictes lettres que j'avoeys en main qu'il me satisferoyt... qu'il désyroit que je lui laissasse celles censyves qui seroyent en sa bien séance du costé d'Orçay et qu'il m'en bailleroyt au prorata en ma bienséance proche du chasteau de Bures. Je lui dictz : Monsyeur, je voudroys qu'il ne taint plus qu'à cella ; et nous nous séparasmes.

» Depuy son decedz, Madame la Présydente a respondu pour touttes choses que, pour elle, elle estoit conseillée de se tenyr à sa transactyon et que son mary ne luy a parlé jamays qu'il y eust

ryen promys au préjudisse de ladicte transactyon, (je vous puis
asseurer, comme je mourray un jour, quelle y estoit présente), et
que sy je veulx disputter qu'elle se deffandera... Veoylla où nous
en sommes demeurez!

» Vous nocterez que les syeurs de Montjay, vassaulx de Bures,
ont aussy anticyppé fort sur les censives dudict Bures. Bref, le
temps passé et le présent aussy, se n'ayt pas d'aujourd'hui que
l'on joue à painsse-maille, sur se petit terrytoire de Bures, de
sorte que mayntenant les seigneurs de Bures n'ont que le reste du
naufrage et le rebut... Or vous nocterez que ceulx de ceste maison
d'Orçay appelés Messyeurs les Bouchers en leur surnom, et du
faict le dernier avec lequel j'ay passé par force ceste belle transactyon se nommoit Charles Boucher, ont esté d'encyenneté fort
grands esconommes. Croyez qu'ils ont tousjours pryns leur tamps
et dame Occasyon par les cheveulx... Les guerres civylles, les
grands seigneurs comme Messyeurs le cardynal de Meudon, de
Rohan, et feue Madame la duchesse d'Estampes avoyent tant
d'aultres et plus belles terres qu'ils ne songeoyent à celle sy; et
l'ont baillée plusyeurs fois pour récompense à de leurs vielz ser-
vyteurs pour en jouir durant leur vye. Cela a esté cause que les
recepveurs au dict Bures en faisoyent comme des choulx de leur
jardin et, moyennant quelques petytes doulceurs s'accomodoient
avec les sieurs d'Orçay; tesmoing feu Estienne Mercyer que Dieu
absolve, lequel m'a confessé s'estre veu en telle nécessité, se disoyt-
il, pour parer à sa mallice, d'aveoyr vandu à feu monsyeur d'Orçay
(ou plutost baillé), père de celui sy avec qui j'ay transigé, plusieurs
tiltres entyens consernant ladicte seigneurie de Bures. Le pauvre
misérable Mercyer n'est pas mort plus riche à la fin. »

La dernière réflexion de cet honnête homme révèle l'excellence
de son cœur. « Se que j'ay dict sy-dessus, c'est tousjours pour
donner quelque lumyères à ceulx qui viendront apprès moy,
soyt mes enffants ou aultres, car j'ay aimé se petit terrytoire de
Bures, pour la situation du lyeu, assez jollye; ... j'aitoys plus
fasché de n'aveoir assez de byens pour la battyr et ajollyver, que
pour l'aintherêt de mon partycullyer[1]. »

Le lecteur de ces lignes, quel qu'il soit, s'il connaît ce petit
territoire, s'est senti pénétré du sentiment profond exprimé avec

---

1. Note consignée en tête du registre où Jean de Chaulnes avait fait copier
le papier terrier d'Anne de Pisseleu.

une grâce naïve par Jean de Chaulnes, qui fut et restera par excellence le seigneur de Bures.

On ne nous en voudra pas de chercher à préciser ici quelques traits de la physionomie de Jean de Chaulnes. Ses notes nous les fournissent. En voici une qui montre de bonnes relations entre le château et le couvent : « Frère Jean Jacques Bourdel, frère Jehan de la Salle, relligyeulx de Marcoussys. Ce fust le dernier juillet, l'an VIᶜ treize que me vaynrent voir, *et beusmes guayment.* »

Jean de Chaulnes avait plus de honhommie que de littérature. Je trouve dans ses *notes* deux quatrains qu'il qualifie de sonnets. Voici le premier :

> Tu regrettes ta femme et ton regret s'excuse,
> C'est ung mal nécessaire et ung bien estranger;
> Souvent l'œil le plus clair à la choisir s'abuse,
> Et trouve en peu de chair beaucoup d'os à ronger[1].

Quant au second quatrain, ce fut sans doute en un jour de tristesse qu'il le copia :

> La vye est une table où pour jouer ensemble
> On void quatre joueurs. Le temps tyent le haut bout,
> Et dict : « Passe ». L'amour faict de son reste et tremble;
> L'homme faict bonne mine et la Mort tyre tout.

Voyons maintenant le seigneur. Il avait eu à se plaindre d'un sieur Le Moyne, boucher à Gif. Mais laissons la parole à Jean de Chaulnes lui-même. « Le prévost de Châteaufort, bailly du comté de Lymours, voullut, comme mon amy, que par force je m'accordasse avec ledit Le Moyne, très meschant chiquanaud et un pernicieux homme et traistre. Se fut ledict sieur Soreau qui en dressa le contract de transaction et me l'envoya signer à Bures..... et ledict traistre Moyne le syna à Gif. Car je ne me voulloys treuver à ceste affaire; car je lui eusse dict pouilles : car il m'a fait perdre quarante escuz en ceste affaire, pour son playsir, le pendart qu'il est. L'affaire de son procddé seroyt trop longue à desduyre ; mays si je puys, je m'en vangeray avec toute justice ; car chacun le blasmoyt de sa mallice de gayeté de cœur

---

1. Il serait téméraire de chercher à deviner la secrète pensée de Jean de Chaulnes lorsqu'il transcrivait ses vers. Une femme au moins lui avait laissé un long souvenir. Il parle de « feue madamoyselle Anne Leroy ma (trois mots effacés) maistresse », décédée en 1598, et cela au moins douze ans plus tard.

contre moy, qui ne luy fis jamays que plaisyr ; et en tout son proceddé n'a faict que fosseté. Doncques, pour abbréger, ledict sieur de Bures lui bailla 240 livres que ledict sieur prévost de Châteaufort lui presta lors ; d'aultant que ledict sieur de Bures n'avoit lors d'argent. »

Puis, après avoir ainsi exhalé sa mauvaise humeur, il mit en marge cette réflexion naïve : « Je suys en collère avec rayson. » Ce qui porte à croire qu'il avait au moins raison d'être en colère, c'est que partout ailleurs on le voit très-équitable, témoin cette autre note sur une autre transaction : « Au pys aller, je croys et ay oppinion qu'en tout cela il n'y a pas eu perte de demy quartyer de terre. » — Puis il ajoute : « Et perte pour moy j'entends, sy il y a eu de la perte[1]. »

Voici encore une réflexion intéressante. « Les censives en France c'est ung sot bien et un maygre contentement, sy elles ne sont fort liquides et grosses, et que deux les doivent par villaiges, ung seul et pour le tout, soyt en grains ou argent, et recongneus de temps en temps. Aultrement ce n'est que villenerye et procès de néant, qui sont cause d'altérer les meilleurs parans, amys et voysins, pour devenir ennemys à jamais. »

Jean de Chaulnes acheta moins que son père, « faulte d'argent. » Il ne laissa cependant échapper aucune occasion d'arrondir son domaine. Ce sentiment se révèle dans une de ses réflexions sur l'acquisition de la Febvrie (24 novembre 1618) : « Toutte la pyèce de terre et mayson au dict lyeu sont à présent à moy, sieur de Bures, dont j'ai bien peiné à les aveoyr. Se n'a esté pour le revenu ; mays à cause de plusyeurs sources qui y sont, qui peuvent accomoder fort ma fontayne. »

En tête de son registre des acquisitions de Bures, Jean de Chaulnes consigna cette volonté, empreinte de son esprit d'ordre et de bon père de famille. « Il y a encores ung lyvre pareil à celluy-si, où sont escrys toutes les acquisitions de Bures, qui demeure à Paris. Et celluy-sy pour porter audict Bures. Il fauldra que l'ung des deux soit baillé à l'ayné, et le second et dernier à mes aultres enffans ; et se doivent rapporter l'ung à l'aultre, y ayant peu à dire. Dieu les aciste. Ils en ont bon besoin. »

Jean de Chaulnes s'était montré bon frère. Pendant un temps

_____

1. Registre des acquisitions de Bures.

il eut près de lui sa sœur, Mlle Canaye, mariée au fils de l'habile diplomate. Elle s'était créé, juste en face de l'église, à côté de l'emplacement du presbytère actuel, un petit domaine qu'on appela le Clos Canaye.

Il fut également bon fils. Quand mourut son père, il voyageait en Italie. A son retour, il fit élever à la mémoire d'Antoine de Chaulnes et de sa femme un superbe monument où ils étaient représentés en grandeur naturelle. Une épitaphe, rédigée en style élégant, rappelait le mérite des défunts. De tous les châteaux environnants, on vint admirer cette belle marque de piété filiale, dont nous reparlerons dans la description de l'église de Bures. .

Sa dernière pensée fut pour sa femme, qu'il recommanda tendrement à l'amour et au respect des deux fils qui restaient. Le jour vint, en effet, ce fut le 20 mars 1633, où Jean de Chaulnes ferma pour toujours les yeux à la « jollye situation de ce petit terrytoire » de Bures, qu'il avait aimé. Il y voulut reposer auprès de son père et de sa mère et, de fait, il y fut inhumé à leurs côtés. Sa femme, Marguerite Perrot, le rejoignit le 1er avril 1637. Ses enfants eurent la bonne pensée de leur élever un tombeau digne de celui de leurs aïeux ; mais ils ne purent la réaliser.

CLAUDE DE CHAULNES. Les enfants de Jean étaient deux garçons, Claude et Louis. Claude, l'aîné, marchant sur les traces de son grand-père Antoine, était commissaire des guerres. Dès le 26 avril 1633, il rendit hommage, à la porte du château de Limours, à *Monseigneur*. L'acte ne dit rien de plus et cela suffisait alors pour désigner le cardinal de Richelieu. Une fois en règle avec ce redoutable suzerain, les deux frères ne paraissent pas avoir pressé la liquidation de leur héritage. Elle n'eut lieu que le 9 juillet 1648, devant Le Semellier et Lecat, notaires à Paris.

La fortune d'Antoine de Chaulnes s'élevait à quatre cent mille livres environ; mais il avait laissé sept enfants[2]. L'héritage de Jean fut évalué 138,000 liv. et divisé en deux. On voit quel germe de destruction portaient en elles ces moyennes fortunes qui ne se renouvelaient pas et que les partages amoindrissaient. L'impor-

---

1. Acte du 19 janvier 1643.
2. Parmi ces enfants, on remarque Jacques de Chaulnes, conseiller au Parlement, puis conseiller d'Etat ; — Marthe, mariée à M. Nau, secrétaire du Roi ; — Claude, mariée à Philippe Canaye.

tance du droit d'aînesse était médiocre. Encore l'aîné y renonçait-il parfois, comme dans notre espèce.

Après le prélèvement du château et du vol du chapon, préciput de l'aîné, la terre de Bures fut estimée 60,582 livres 5 s. pour ce qui était fief et 3,930 livres pour ce qui était roture. La succession possédait 40,000 livres de fonds en rente sur particuliers; une ferme du Bois d'Acis, valant 9,408 livres, des maisons pour 4,416 livres. En outre, Claude de Chaulnes avait reçu 20,000 livres en avancement d'hoirie. Comme il prenait deux tiers dans ce qui était fief, Louis, son cadet, n'aurait reçu que 59,052 livres; mais Claude, en bon frère, y ajouta 1753 livres, plus le douzième de ce qui lui appartenait en rentes provenant de la succession du président Perrot, leur grand-oncle. La part de Louis s'éleva donc à 62 ou à 63,000 livres environ. Celle de l'aîné ne dépassa guère 75,000 fr.

Claude de Chaulnes demeurait « à Saint-Germain-des-Prés-lès-Paris, sur le fossé de la porte Saint-Michel[1]. » En 1649, il était commissaire général de la cavalerie de France. En 1663, il se qualifiait contrôleur général de la Chancellerie de France. C'est tout ce que nous savons de sa vie publique. Comme seigneur de Bures, il nous est mieux connu. Fidèle aux traditions paternelles, il agrandit, par échange, l'enclos du château, autour duquel il établit un sentier de deux pieds de large. Son objectif fut la Febvrie, puis la Josetterie. Par malheur, encore moins garni d'argent que son père, l'échange était plus approprié à sa fortune que l'achat. La nécessité l'obligea même de louer non-seulement la terre, mais de plus une partie du château. Toutefois, comme son père Jean, il se montra pieux envers ses ancêtres. Pour leur faire dire une messe haute, il donna à l'église de Bures deux quartiers de pré, l'un en la prairie de Moulon, l'autre au pré de la Guyonnerie, entre la rivière morte et les prés du Grand-Mesnil. Il mourut en 1667, laissant pour successeur son frère Louis.

Louis de Chaulnes. Louis de Chaulnes, qui, jusque-là, s'intitulait « écuyer, sieur de la Coudraye, gentilhomme ordinaire de la Chambre du roi », fit à son suzerain l'acte de foi et hommage. En 1672, nous le trouvons investi de fonctions, pour ainsi dire, héréditaires. Il est commissaire de la cavalerie légère[1]. Promu com-

---

1. Déclaration de 1672.

missaire général, il prit sa retraite avant l'année 1691. Au regard
de Bures, il n'augmenta ni ne diminua la propriété. En 1682
(8 mars), il acheta une rente de 5 livres destinée à la construction d'une sacristie « au derrière de ladite église, à côté du grand
autel ». Il mourut en 1704. Sa fortune fut partagée entre ses
quatre enfants, savoir : Jean-Baptiste, l'aîné ; Louis de Chaulnes,
capitaine de vaisseau du Roi ; François de Chaulnes, abbé ; Marie
de Chaulnes, femme de messire Louis de l'Aumône. Cette nouvelle
division ne devait pas tarder à faire sentir ses effets.

J.-B. DE CHAULNES. Jean-Baptiste de Chaulnes, chevalier, lieutenant de M. le grand-maître de l'artillerie de France (janvier
1704), chevalier de Saint-Louis, fit plus fort que puissance
pour acquérir les droits de ses frères et sœurs sur le domaine
de Bures. Tant qu'il fût au service, il soutint sa position. Elle
devint trop lourde lorsqu'il prit sa retraite, vers 1729. Peu
d'années plus tard, Bures voyait arriver d'abord maître de la
Force, notaire au Châtelet, puis un grand personnage, messire
Antoine-Louis Rouillé, chevalier, comte et patron des paroisses
de Jouy et des Loges-en-Josas, accompagné de dame Pallu, son
épouse. Tous descendaient au château, où les recevait Jean-Baptiste
de Chaulnes, chevalier, seigneur de Bures, Boutigny, les Jongs,
Bouchemont et autres lieux. Hélas ! de tous ces lieux, le plus
avenant, le véritable bien paternel, Bures, allait devenir la propriété d'un autre maître. Le soir de ce même jour, la seigneurie
de Bures était vendue à M. Rouillé au prix de 125,000 livres,
plus 5000 livres de pot-de-vin. Sur cette somme, 24,000 livres
furent retenues pour le douaire de Mme de Chaulnes ; 4 à 5000 livres pour assurer des pensions, deux entre autres faites à des
filles religieuses ; le reste, 105,000 livres, devait être distribué
aux créanciers.

Je ne transcris pas sans quelque chagrin les lignes suivantes,
dernier acte du dernier des de Chaulnes :

« A messire Arnoul Boucher, abbé d'Orçay, la somme de
18,000^tt . . . .   18,000^tt

« A MM. de la Maigrière   39,000

« A madame Dubois de la Pierre, sœur dudit seig^r
de Chaulnes 12,500^tt y compris celle de 1200^tt pour
arrérages de 11,300^tt   12,500

« A M. des Roquettes, 2400^tt   2,400

« A M. de Cologne   1,500

« A Madame, abbesse et prieure de la communauté
royale de N.-D. de Gif, 4000ᵗ pour la dot de dᵐᵉ
Marie-Thérèse de Chaulnes, fille des seigneur et dᵐᵉ
de Chaulnes . . . . •. .   4,000

                                                  ─────────
                                                  75,400ᵗᵗ

Ainsi, sur ces 125,000 livres, Jean-Baptiste en devait 75,000,
dont 18,000 à un des anciens rivaux de sa famille, à un Boucher
d'Orsai. A sa sœur, il n'avait pu payer sa part d'héritage, à
une de ses filles sa dot de religieuse. Son fils, Hilaire-Jean de
Chaulnes, consentit à la vente. C'est tout ce qu'on sait de lui.

Jean-Baptiste ne survécut pas longtemps à cette déchéance de
sa famille. Il mourut en mars 1738. Le 14 octobre 1725, il avait
donné 6ᵗ 10 sous de rente à la fabrique paroissiale, à titre de fondation pieuse.

Les Chaulnes avaient possédé Bures pendant cent quarante-
quatre ans, n'ayant jamais fait que du bien à ce petit territoire,
que tous ils aimèrent.

§ 7. LES DERNIERS SEIGNEURS DE BURES.

La fortune, sévère au dernier héritier des Chaulnes, avait
souri au nouvel acquéreur de Bures. A peine âgé de quarante-cinq
ans, M. Rouillé, — d'abord conseiller au Parlement, maître des
requêtes, puis directeur de la librairie, — était devenu, en 1725,
intendant du Commerce. On le vit successivement ministre de la
Marine, des Affaires Étrangères, surintendant des Postes, membre
honoraire de l'Académie des sciences. Au premier abord, il
semble qu'il ait eu d'assez grandes vues sur Bures. Il déploya
un certain zèle à faire mettre ses titres en ordre. On possède des
inventaires faits à sa diligence. Toutes les pièces si soigneusement
recueillies par Jean de Chaulnes furent cotées et classées à nouveau. Des plans furent dressés. En 1746, on procéda à un bornage entre la seigneurie d'Orsai et celle de Bures, par Archangé,
arpenteur royal. Les bornes portaient un O du côté d'Orsai,
un P M du côté du Petit-Mesnil. Le même arpenteur releva le
plan de Bures (4 janv. 1752). L'année suivante, le roi, par un
arrêt du Conseil (18 déc. 1753), concéda à monseigneur Rouillé
le droit de haute, moyenne et basse justice, dans l'étendue de sa

seigneurie. La cour de justice, réclamée vainement par les Chaulnes, fut installée à Bures, où l'on tint les assises.

Ces acquisitions et ces travaux semblent indiquer de sérieux projets d'avenir. L'événement répondit peu à ces belles espérances. D'Argenson, dans ses *Mémoires*, a beaucoup parlé de Rouillé, qu'il juge sévèrement : « M. Rouillé se trouve avoir plus de dettes que de biens. Sa femme est une petite bourgeoise, ambitieuse du bon air. Elle a jeté son mari dans cette ruine. Depuis qu'il est ministre, on n'a jamais vu si grande représentation. Tout cela fondra un beau matin [1]. »

On n'aime bien un domaine que si l'on y habite au moins quelques jours par année. Or, M. Rouillé avait commencé par faire démolir le château de Bures. Assurément, il devait être chancelant le vieux manoir du conseiller de Charles V ; mais la restauration faite par Anne de Pisseleu et surtout les soins qu'en avaient pris Antoine, Jean et toute cette bonne famille des Chaulnes avaient aidé à sa durée. Il se soutenait et existerait encore, si mademoiselle Pallu, dame Rouillé, ne l'eût trouvé trop gothique. On démolit donc ce manoir, où avaient vécu des seigneurs amis de leur terre et de ses habitants. Avec lui, on peut le dire, tomba notre seigneurie. En vain, pendant quelques années, semblera-t-elle, au contraire, se relever, en vain un homme intelligent, actif, doué de toutes les qualités qui constituent le propriétaire, essaya-t-il de lui rendre sa splendeur, la Révolution survint qui anéantit ses projets et porta le dernier coup au domaine de Bures.

M. Rouillé avait marié sa fille, Marie-Catherine, à « très-haut et très-puissant seigneur, Anne-François de Harcourt, marquis de Beuvron, maréchal des camps et armées, etc. » Ce grand personnage, héritier de son beau-père, daigna à peine prendre le titre de seigneur de Bures, et, dès le 19 décembre 1765, il revendit cette terre, décapitée de son manoir, à dame Marie-Agnès de Niert, veuve de M. de Révol, président au Parlement de Paris.

Le tout, qui, à l'exception des bois rapportant 2200 livres par an, était affermé 4800 livres (dont 800 livres pour le Petit-Moulin), fut vendu 215,000 livres, à employer sur la terre du Neufbourg, en Normandie. Rouillé l'avait payé 149,695 livres,

---

1. D'Argenson, *Mémoires*, édit. de la Société de l'Hist. de France, t. II, p. 66. — Voyez encore, t. V, p. 457; t. VII, p. 467; t. IX, p. 133.

en 1734. Nul doute que les droits de justice qu'il avait pu obtenir
pour son fief n'en aient beaucoup augmenté la valeur.

Madame de Révol s'occupa avec soin de son domaine[1]. Les
ordonnances de police furent renouvelées. Puis, et cela est sans
doute plus personnel à la dame de Bures, des écoles furent géné-
reusement dotées. Le curé reçut de larges aumônes pour ses pauvres. Aussi cette dame fut-elle vivement regrettée à sa mort, arrivée
le 5 août 1773.

Hâtons-nous de dire qu'elle se donna le plus honnête et le plus
digne successeur. Par testament olographe du 31 décembre 1772,
elle institua légataire universel M. Billiet, maître des comptes,
et, à son défaut, Louis-Adrien Le Paige, avocat au Parlement,
grand bailli du Temple, qui, en définitive, recueillit l'héritage
de Bures, dont il devait être le dernier seigneur. Voici, rédigées
de sa main, les qualités qu'il prenait dans les actes : « Louis-Adrien
Le Paige, écuyer, seigneur haut, moyen et bas justicier de la
terre et seigneurie de Bures, Bois-Comtesse, Petit-Mesnil, Petit-
Launai et autres lieux, conseiller et surintendant des archives
de feu S. A. S. Mgr le prince de Conti, secrétaire de la Cour,
bailly général du grand prieuré de France pour S. A. R. Mgr le
duc d'Angoulême. »

Arrêtons-nous un instant à l'un de ces titres, surintendant des
archives. M. Le Paige était, en effet, archiviste par ses goûts et
par ses aptitudes. L'esprit d'ordre des Sanguin, des Boucher,
la passion de Jean de Chaulnes pour les *bons titres*, l'organisa-
tion bureaucratique des régisseurs de M. Rouillé avaient accu-
mulé dans les archives de Bures une énorme masse de documents,
baux, terriers, censiers, aveux, dits, contredits, notes, mémoires.
On peut en évaluer le nombre à plus de mille. M. Le Paige les
lut tous, les cota, les transcrivit parfois, en fit toujours des
extraits. S'il nous a été donné d'apporter dans la présente étude
quelque précision, le principal mérite en doit être reporté à la
mémoire de cet homme laborieux. Il était également très-instruit,
et avait publié plusieurs ouvrages. Un surtout, *Mémoires
historiques sur l'histoire des Parlements*, s'il est empreint de

---

1. Elle ne fit qu'une acquisition, celle d'un arpent de bois, près le Bois
Comtesse, au prix de 240 livres. 26 juin 1766. — Nous trouvons, dans une
note, l'état exact du produit de la terre de Bures : ferme (120 arp. de labour,
64 de prés, 10 à 11 d'aulnettes), 3,900 livres ; petit moulin, 1,000 livres ;
bois, 2,400 livres ; droit de cens, 159 livres ; au total 7,450 livres.

l'esprit de système, n'en révèle pas moins de sérieuses qualités. Certainement il ne songea pas à faire l'histoire de sa petite seigneurie. Toutefois, en compulsant ses titres comme propriétaire, il ne laissa rien passer de ce qu'un savant aime à recueillir.

Profondément ami du droit, M. Le Paige était également très-religieux. Arrivé tard à la fortune, il n'en fit pas moins preuves de générosité. Il continua les traditions de madame de Révol. Aussi, quand la Révolution le surprit, déjà vieux et presque infirme, il échappa à ses rigueurs. Ses propriétés mêmes et jusqu'à tous ces titres féodaux, si odieux alors, échappèrent à la dévastation. Cet homme de bien mourut le 24 mai 1802, et en annonçant son décès, on le qualifia encore de ce titre de « sieur de Bures », qu'il avait dignement porté.

§ 8. Seigneurs de Bures.

Résumé chronologique.

1118 Geoffroi et Guillaume de Bures (?).
     Thibaut de Dampierre, — Isabelle de Montlhéri.
     Gui de Dampierre.
     Geoffroi de Joinville, — Héluis de Dampierre.
1229 Guillaume de Joinville, archevêque de Reims.
     Gui de Joinville.
1276 Guillaume de Joinville, — Marie de Tanlai-Courtenai.
1318 J. de Courtenai-Angervilliers.
1356 Guillaume de Courtenai.
1379 Pierre de Courtenai.
1386 Jacqueline de Courtenai.
1386 Arnoul de Puisieux.
1400 Jaquet de Puisieux.
1455 Jean de Chazai, — Jeanne de Puisieux.
1478 Antoine de Chazai.
1481 Antoine Sanguin.
1510 Jean Sanguin.
1539 Antoine Sanguin, cardinal de Meudon.
1540 Anne de Pisseleu.
1547 Jean de Brosse.
1550 Anne de Pisseleu.
1564 Byenne de Barbanson — Jean de Rohan.

1567 Nicolas de Barbanson.
1572 Charles de Barbanson.
     François de la Gorse (?).
1580 Anne de Pisseleu.
1580 Charles de Barbanson.
1581 Antoine de Chaulnes.
1593 Jean de Chaulnes.
1633 Claude de Chaulnes.
1667 Louis de Chaulnes.
1704 J.-B. de Chaulnes.
1732 A.-L. Rouillé.
1764 A.-F. de Harcourt.
1765 Marie de Révol.
1773 Louis-Adrien Le Paige.

II.

ARRIÈRE-FIEFS DE BURES.

§ 1. FIEF DU GRAND-MÉNIL.

En 1382 (12 avril), Jacques de Walles, écuyer, tenait le fief du Grand-Ménil, qui consistait en manoir seigneurial, colombier, granges, pressoir, avec 30 arpents de terre. Guillaume de Walles, bourgeois de Paris, occupait effectivement ce domaine[1].

Jacques de Walles était également seigneur de Launai, des Ullys et du Petit-Mesnil.

Vers la fin du xive siècle, Arnoul de Puisieux posséda le Grand-Mesnil[2].

Plus tard, Antoine de Chazai, lorsqu'il vendit Bures en 1481, parlant de ce fief, le désignait ainsi : « un fief contenant masure, où souloit avoir manoir. » Ce dernier était donc en ruine. En effet, Michault Seguin et Pernette Bouly occupaient une masure, jardin et colombier, avec 40 arpents de terre, moyennant 60 sous de

---

1. Aveu de la seigneurie de Gometz, par Jean de Craon, chevalier, sieur de la Suze, qui la possédait comme héritier de La Melainne de Craon, son père. 18 avril 1382. (Copie.)

2. Acte de vente de Bures du 26 mai 1481.

cens et de rente et un chapon. « Et le surplus, ajoute l'acte, est à bailler. »

Trois petits fiefs en dépendaient, — le Clos ou Gué au Coq[1], le fief Anquetil[2], le fief de l'Ospital — et Richard le Tur, conseiller de Charles V, y avait un hôtel.

Ce fief était alors tenu de noble dame Yonne de Seure, femme de Jean Sanguin, qui le possédait en propre, comme héritière des Courtenai-Angervilliers.

Antoine Sanguin son fils réunit tous les droits en sa personne.

En 1497, il reçut Jean Hérisson, laboureur, domicilié à Bures, à foi et hommage pour ce fief. L'acte porte ces mots expressifs : « le Grand-Mesnil où *jadis* souloit avoir colombier, masure, cour, jardins. »

En 1564, l'hôtel seigneurial était rétabli et occupé par Pierre de Valles, maître des comptes, domicilié à Paris, mari de Catherine Godefroi. Pierre était petit-fils de Jean de Valles, procureur général, puis maître ordinaire en la Chambre des Comptes, maintenu dans sa noblesse par lettres du roi Louis XI, du mois d'octobre 1482[3]. Jean et Pierre descendaient-ils de Jacques de Walles cité ci-dessus ? C'est ce que nous ne saurions dire.

Pierre de Valles son fils[4] fut commissaire des guerres, conseiller du roi, correcteur en la Chambre des Comptes. C'est lui qui, le premier, prit le titre de sieur du Grand-Mesnil.

Il eut pour successeur Antoine de Valles, seigneur du Mesnil et de Launai, receveur général des finances à Caen en 1621, secrétaire ordinaire de la reine Anne d'Autriche en 1636. C'est lui qui fut le créateur du Grand-Mesnil. Il acheta de Jean Hérisson, un des descendants du propriétaire de ce fief en 1497, sept espaces de logis ainsi que la fontaine de la Roche et forma le beau parc qu'on admire encore aujourd'hui. Il devint seigneur de Launai-le-Grand et de Moulon. Il possédait aussi les fiefs d'Orillac, de l'Aleu, etc. A son propos, nous trouvons le bon Jean de Chaulnes, qui a dépensé beaucoup d'encre et de papier à rédiger des *Mémoires de courtoisie*, à l'adresse d'un voisin, paraît-il, peu courtois. Il s'agissait du droit de pêche

---

1. Au-dessous de Mondétour.

2. Robert Anquetil était franc sergent de Notre-Dame de Paris. Son fief de trois arpents était situé au-dessous de Grand-Mesnil, au gué au Coq.

3. La Chesnaie des Bois, *Dictionn. généal.*, t. VI, p. 524. Paris, 1761.

4. Actes de foi et hommage, 5 octobre 1578.

dans l'Ivette. Feu M. de Valles avait « pryé plusyeurs foys le sieur de Bures que il treuvast bon qu'à l'eschiquier ou à la ligne il peust pescher pour luy les jours maygres... et qu'il serreroit tout soubz la clef quand il s'en retourneroit. Il estoit sy honneste et sy humble a ung chacun que c'eust esté discourtoisie et mallice audict sieur de Bures de l'en refuser... Entre bons voysins on n'y regarde pas de sy près ; mays, la bravade offense les espris les plus calmes. » Or, le fils de Valles voulut agir d'autorité, « et, ce qui est du pys, ses vallets ne font aultre chose, luy present ou absant ; et en font gloyre de l'aller manger (le poisson) aux tavernes, de costé et d'aultre, et dyre tout hault que leur maistre entend et veult qu'on y pesche. » Jean de Chaulnes, bien qu'offensé, offrit une permission où l'on insérerait « quelques mots qui entretiendroient l'amytié, et par ce moyen ledict syeur du Grand Mesnil en respecteroit avec plus d'amour ledict sieur de Bures. » « Vaudroit myeulx, ajoute notre gentilhomme, perdre dix foys aultant en d'aultres choses qui ne seroient point du personnel. Mays, ce qui peut tourner à mespris par la populace, c'est là où il fault fondre la cloche et ne laisser empyetter sur soy. » Tant de bonne volonté porta ses fruits. Les parties constituèrent des arbitres (9 juillet 1632). La suite fait voir que les prétentions du sieur de Bures triomphèrent. Antoine de Valles mourut vers 1646, laissant un enfant mineur, nommé François, qui ne put conserver ce domaine.

En 1655, Pierre de Creil, maître des comptes, acquérait Grand-Mesnil en échange de 2450^{tt} de rente au principal de 49,000^{tt} [1].

Cette forme était prise pour éluder le droit de quint.

Son fils, Charles de Creil, gentilhomme ordinaire du roi, succéda à son père en 1680. Puis, il revendit son fief à Claude-Antoine de Valles, petit-fils d'Antoine dont il a été parlé ci-dessus. Cinquante ans n'avaient pas donné beaucoup de valeur au domaine, puisqu'il ne fut revendu que 53,000 livres (26 avril 1710).

Claude-Antoine ne conserva pas longtemps Grand-Mesnil, qui, en 1719, devint la propriété de J.-Louis Lhérault, écuyer, seigneur d'Alfort (4 déc. 1719).

Le 17 août 1734, Pierre Fauchard, bourgeois de Paris, se

---

1. 16 nov. 1655, acte reçu par Lemoyne, notaire à Paris. Le domaine comprenait alors 171 arpents en 32 pièces ; savoir : 31 arp. de prés, 87 arp. de terre, 28 arp. de bois taillis ; 23 arp. bois et friche. Le fief contenait 37 arpents, dont 30 en château et en parc.

rendit, par adjudication et sentence des requêtes de l'Hôtel, propriétaire du Grand-Mesnil, exproprié sur la veuve Lhérault. Le prix s'éleva à 70,000 livres de principal et à 22,000 livres de droits de justice ou de droits seigneuriaux.

En 1766, le domaine passa par héritage à J.-B. Fauchard, écuyer, avocat au Parlement, conseiller en l'amirauté de France à la Table de marbre, chevalier du Saint-Esprit.

§ 2. FIEF DU PETIT-MESNIL.

De tous les arrière-fiefs de la seigneurie de Bures, le plus important était le Petit-Mesnil.

En 1382, il était tenu par Jacques de Walles, et consistait en 26 livres de menus cens, 6 chapons, 12 poules.

En 1402, ce domaine appartenait à maître Charles du Poule, dit le Flamenc, qui vendit à Raimond Raguier certains héritages, cens, rentes, bois, prés, maisons, droitures, « dont il possédoit la propriété seulement », mouvans et tenus en fief de certains seigneurs, notamment de Jean de Seurre, écuyer, « à cause de son hostel d'Angervilliers [1] ». C'est cette portion qui constituait le fief du Petit-Mesnil, sans doute fort augmenté par Me Charles. En effet, il comprenait alors 39 maisons sans compter les masures ; ces maisons étaient d'importance inégale, puisque les cens variaient de 4 den. à 3 sous. Le prix de cet achat fut fixé à 165 livres. Le droit de quint s'éleva à 26 écus d'or à la couronne, de 18 sols la pièce.

Comme on l'a dit plus haut, la fille de Raimond Raguier apporta ce domaine dans la famille des Boucher. Les Boucher avaient leur château à Orsai et aucun d'eux ne paraît avoir habité le Petit-Mesnil, où, à proprement parler, il ne se trouvait pas de lieu seigneurial. Toutefois, une maison portait plus particulièrement le nom de Petit-Mesnil. Elle était occupée, en 1402, par Robin Enjouran. En 1476, Clément Lejeune tenait les masures, cour, jardins au lieu dit le Mesnil, avec 8 arpents [2]. En 1482, le détenteur était Simon Bouilly ; en 1487, Robin Dugué, au cens de 12 sols parisis et un chapon. En 1527, à la masure a succédé « un hôtel, maison, cour et jardin. » Le domaine est décoré du

1. Original parchemin.
2. Bail à cens par Ad. Boucher.

titre de fief, et sert d'habitation à la veuve de Gervais Hérisson, de ses deux fils et de ses deux gendres. Cette famille Hérisson était puissante. En 1504, ses membres avaient fait bâtir, dans l'église de Bures, une chapelle Saint-Nicolas, « où est le reves-tière ». En 1603, un Jean Hérisson était encore propriétaire d'une maison de cinq travées; mais il n'est déjà plus question d'hôtel. D'ailleurs, à ce moment, Petit-Mesnil avait vu s'élever sur son sol plusieurs maisons de plaisance, dont une, la *Grande-Maison*, existe encore aujourd'hui.

La Grande-Maison. — En 1541, Jean Brémont, laboureur, vendit à Geoffroi Trunel, procureur au Parlement, « un lieu contenant deux maisons et une petite grange, le tout couvert de chaume, cour, jardin, pré, aulnoie, terre et pâtis, le tout en une pièce contenant 3 arpents 1/2 environ. »

Ce domaine était chargé de 5 s. par an de rente envers la fabrique de Gif. Le prix fut de 300 # tournois, avec le drap d'une robe et d'un chaperon pour la femme de Jean Brémont, le tout de la valeur de 11 livres. Notons en passant l'existence de cette classe de laboureurs aisés. On a vu les Hérisson bâtir une cha-pelle; Jean Brémont et sa femme firent une donation impor-tante à l'église, où se trouve encore une très-belle pierre tombale à leur effigie.

En 1565, la veuve de Geoffroi Trunel donna à sa petite-nièce, Marie de Lif, fille d'un procureur, ce domaine embelli et agrandi. Marie épousa Jean du Boèle en premières noces et en secondes Gabriel Binet, procureur en Parlement, comme son prédécesseur. Ce dernier, en 1599, vendit à Mᵉ Pierre de Miraulmont « un corps d'hostel, cour, grange, étable, jardin à herbes, 5/4 de vigne, clos d'arbres fruitiers, bois de haute futaie, le tout clos de murs et contenant 5 arpents. »

Remarquez le progrès de la fortune. A la maison s'ajoutaient 30 arpents de terre et 5 arpents de bois, vignes, etc. Le tout fut vendu 860 écus, dont 430, soit 1290 livres, pour la maison.

M. de Miraulmont était d'ailleurs un personnage. Conseiller du roi dans la Chambre du Trésor, lieutenant de la prévôté de l'Hôtel, « homme docte et grand rechercheur d'antiquitez », dit La Croix du Maine, il avait déjà publié un *Mémoire sur l'ori-gine et institution des Cours souveraines qui se trouvent dans l'enclos du Palais.* Il travaillait encore à d'autres ouvrages, ce qui ne l'empêcha pas de s'occuper de l'embellissement de sa maison, qu'il reconstruisit en partie. Il empiéta même sur le chemin pour bâtir sa tourelle et établir un petit parterre qui éloignait de ses fenêtres les regards des passants.. De même, il fit élever une arcade sur le Vaularron, au grand mécontentement de Jean de Chaulnes qui plaida, se fit appeler *tête mal ferrée,* et, de guerre lasse, transigea. Sans le savoir, nous affirmons qu'il le fit de bonne grâce. Madame de Miraulmont était la marraine de son fils, et il était si bon qu'il se résigna à voir un beau domaine se former à côté du sien. Le terrain se prêtait d'ailleurs à la création d'un parc aux aspects variés. Bien dirigées, les eaux torrentueuses du Vaularron se soumirent à ces jeux si chers aux hommes du XVIIe siècle. D'épais ombrages les protégèrent et leurs masses imposantes, se confondant de loin avec celles des Bois Comtesse et des Bois Bouteiller, reportèrent en arrière au plus lointain horizon les limites de la propriété nouvelle. Du côté de la vallée de l'Ivette, la vue s'étendait jusqu'aux coteaux de Moulon, jusqu'aux clochers de Gif; situation digne du palais d'un prince. Nous avons une description contemporaine du logis de M. de Miraulmont : « Une maison contenant un grand corps de logis, grande salle basse, deux grandes chambres au-dessus accompagnées de leur garde-robes, deux greniers au-dessus, joignant et à côté un autre corps d'hostel en potence, consistant en deux chambres et un grand pavillon sur le portail couvert d'ardoise, 3 greniers au-dessus, une grande cuisine basse, une foulerie et laiterie, au-dessus de laquelle est une grande volière à pigeons en forme de pavillon, le tout couvert de tuilles; grande cour dans laquelle il y a une fontaine jetant eau, un jardin et parterre, avec un enclos attenant ledit grand corps d'hostel, dans lequel il y a terre, labour, arbres fruitiers, bois de haute futaie avec un clos de vigne au-dessus, le tout clos de murs, contenant le tout 15 arpents ou environ. » (Il n'y en avait que 10.)

Hélas ! l'acte qui énumère ces embellissements est une saisie (7 novembre 1617). M. de Miraulmont avait sans doute mal géré sa fortune. Il parvint à faire traîner la procédure jusqu'à sa mort (vers 1623); puis, le tout fut adjugé à J.-Marie L'Hôte, avocat au Parlement, pour 8400^{tt} (7 sept. 1630).

En 1642, M. L'Hôte céda cette propriété à Claude de Bragelogne, écuyer, seigneur de Bois-Ripault, surintendant-général des vivres des camps et armées de France. Il reçut en échange

1671 livres de rente au denier 16, soit 26,000 livres environ.

En 1651, les héritiers du précédent cédèrent la maison à Jérôme Thibault, maître des Comptes et parent de Claude de Chaulnes, qui profita de l'occasion et réunit à la seigneurie directe toutes les terres de M. de Miraulmont, moins la maison et le parc. C'est Jérôme Thibault qui restaura la maison qu'on commença dès lors à appeler *la Maison-Blanche*. Elle sortit de sa reconstruction ou de sa restauration à peu près telle qu'on la voit aujourd'hui.

Six ou sept ans plus tard, Jérôme Thibault obtint de son cousin qu'il érigeât en fief « sous le titre et nom de fief de Beaurin, la basse-cour d'une maison, etc. » A partir de ce moment, il ne fut plus question de Thibault, mais de M. de Beaurin, seigneur de Beaurin, qui eut banc à l'église, dans le chœur.

Le 12 mars 1700, Étienne de Lafon, chevalier, chambellan et bouteiller de Vermandois, capitaine aux gardes, chevalier de Saint-Louis, se rendit acquéreur de la Maison-Blanche. S'il est vrai que ce fut M. Thibault qui la rebâtit, il dut conserver les plans anciens, car la désignation est la même. Je crois qu'il la restaura. Le seul changement est le suivant : « cour close où il y a une fontaine, potager où il y a trois bassins, grand et petit canal, » en tout 19 arpents. Prix, 6000 livres.

En 1723, les héritiers de J. de Lafon vendirent l'immeuble à M. J. de Prunai, avocat au Parlement. Prix, 15,000 livres.

En 1739, revente à M. le comte de Serris, moyennant 15,000 francs, plus 6000 livres pour le mobilier.

En 1741, vente par les héritiers de Serris à M. Brochant du Breuil, conseiller au Parlement. Prix, 18,000 livres.

4 janvier 1780, André-Joachim Brochant, seigneur de Villiers, conseiller au Parlement, et sa sœur vendirent le même bien à J.-B.-Pierre Fournier d'Évillé, commissaire des guerres. Prix, 32,000 francs, dont 20,000 livres pour la maison et ses appartenances. Droits d'insinuation, 448 livres 6 sous 6 deniers.

Le 6 brumaire an IV (28 octobre 1794), M. Fournier (tout court) vendit le domaine, moyennant 990 pièces de 24 livres (23,770 francs), à Jean Echard, notaire à Sèvres, qui, dès le 19 novembre suivant, céda son acquisition à MM. Gaspard Woght et Henry Siereving, négociants à Hambourg, agissant pour Frédéric Joachim Schlutter, « citoyen d'Hambourg », demeurant à Paris. Le prix fut de 4,600,000 livres, dont 200,000 livres pour les meubles. Les droits de mutation montèrent à 98,000 livres pour l'immeuble et 2000 pour le mobilier; — le tout payé en assignats ayant cours.

Plus tard, la Maison-Blanche fut rachetée par le dernier seigneur de Bures, Adrien Le Paige, dont il a été parlé plus haut. Il la laissa à son fils, dont elle devint la résidence habituelle. Elle sert aujourd'hui de résidence à Madame de Wavrin, sœur et héritière de la veuve du fils de M. Le Paige. C'est à la libéralité de cette digne descendante d'une famille illustre que nous devons d'avoir pu réunir les documents de cette histoire de la seigneurie de Bures.

Le Clos Canaye. — Après la *Maison-Blanche,* la propriété la plus considérable du Petit-Mesnil a été le Clos Canaye. Il était situé près du presbytère actuel. Ce nom lui vint de demoiselle Claude de Chaulnes, sœur de Jean, femme de noble homme Philippe Canaye, seigneur de Quercourt; ce dernier était fils de Philippe Canaye, diplomate du xvi⁰ siècle [1]. Mademoiselle Canaye acheta ce clos, en 1606, de trois propriétaires, et l'ensemble lui revint à environ 900 livres. En 1613, elle l'augmenta et y incorpora la fontaine et terre de Rougemont, moyennant 600 livres.

Le 24 octobre 1617, elle revendit le tout à Jean de Chaulnes, son frère, moyennant 1600 livres. C'était au prix coûtant avec perte des améliorations.

Le mois suivant le seigneur de Bures fit un accord avec le curé Jean Morin et lui céda gratuitement la mitoyenneté des murs de ce clos du côté de la cure.

En 1638, lors du partage de la succession de Jean de Chaulnes, le clos fut estimé 3000 livres. Cette propriété fut louée, en 1641, 200 livres par an; ce loyer monta en 1646 à 220 livres, et à 260 livres en 1661.

En 1691, le Clos Canaye était encore la propriété des seigneurs de Bures.

Le 5 juillet 1731, M. de Prunai l'incorpora en partie au parc de la Maison-Blanche. Le reste devint la propriété d'un sieur Julien.

A côté du Clos Canaye se trouvait dès 1607 la grande maison

1. Voyez l'*Ambassade de Philippe Canaye,* Paris, 1635-36, 5 vol. in-fol. avec sa *Vie* par le P. Rol. Regnault, minime.

dite du Grand Dauphin, qui tenait par devant à la rue, par derrière au presbytère.

Cette maison présentait cette particularité que le cens, qui était d'abord de 6 sols parisis, appartenait par tiers aux trois seigneurs de Bures, du Petit-Mesnil, de Montjai, et non pas indivisément. Chaque tiers du cens reposait sur un tiers de cette maison, dont nous pouvons donner l'histoire pendant cent ans et plus.

I. En 1579, elle appartenait à Colin Taillebourg, à charge de 7 sols de cens, chapon et poule.

II. En 1610, elle avait pour propriétaire Jaquette Rousseau, veuve Adam, qui payait un cens de 7 sols 9 deniers, chapon et poule.

III, IV. En 1674, Pierre Adam, cabaretier (petit-fils de la précédente), payait un cens de 8 sols 9 deniers, chapon et poule, et vendit la maison à André Laignel.

V. En 1691, Catherine Laignel, femme Pérille, héritière de André Laignel, son père, paie un cens de 9 sols 9 deniers, chapon et poule.

VI, VII. En 1749, Boite était propriétaire de cette maison, du chef de sa femme, Marie Renaudeau, héritière de son père, François Renaudeau, acquéreur de la dame Pérille.

Voilà sept mutations en 130 ans, avec élévation du taux du cens porté de 6 sols à 9 sols 9 deniers, chapon et poule. Cette augmentation ne correspond pas à l'affaiblissement de la valeur de la monnaie.

Nous avons dit comment le fief du Petit-Mesnil fit retour au seigneur de Bures. En 1789, il devint section de la commune de Bures et les registres de la municipalité attestent l'existence à cette époque d'un certain *particularisme*. Aujourd'hui, il n'en reste d'autre souvenir qu'une borne oubliée sur la grande route de Chartres, portant d'un côté O (Orsai) et de l'autre P M (Petit-Mesnil).

§ 3. FIEF DU PETIT-LAUNAI.

On a appelé ce fief d'abord Launai. La qualification de « petit » n'est venue que plus tard pour le distinguer du Grand-Launai, écart de la paroisse d'Orsai. Il est situé à mi-pente de la vallée qui, de Saint-Clair, descend vers l'Ivette, sur un petit ruisseau, auquel le sol doit la fraîcheur si propice à la croissance des aulnes.

En 1382, Launai, hébergement et manoir, était possédé par Jacques de Walles, seigneur de Montjai [1].

Le 19 février 1390 (1391 n. s.), « noble homme messire Jehan Rigault, chevalier, seigneur en partie de Versailles, » vendit à Angelot Chantre et à damoiselle Perrenelle, sa femme, « les héritages et possessions à lui appartenant de son propre héritage..... l'ostel ou pourpris appelé Launay, situé lez Bures..... assis en la chastellenie de Gommez. » Le domaine avait, paraît-il, appartenu « à feu sire Robert l'Escripvain. » Il était « mouvant et tenu en fié, à une seule foy et homage, de Jehan Le Mareschal, demourant à Meaulx [2]. » La vente fut faite « pour et parmi le pris et somme de sept vins et cinq livres tournois, monnoie courant à présent, florin d'or à l'escu du coing du roy notre sire, pour vint deux solz six deniers tournois la pièce. » Dans cette somme, le quint denier entrait pour vingt-cinq livres.

Angelot Chantre, dès 1392 (27 mai), revendait le fief à « Estienne de la Clergie, escuier, pour le prix de sept écus et cinq livres tournois, monnoye courant à présent, le franc d'or du coing du roy nostre sire pour vint solz tournois [3]. »

Petit-Launai fut acheté par Arnoul Boucher et conservé pendant trois siècles et demi par ses descendants, dont plusieurs prirent le titre de seigneurs de Launai de Bures.

En voici la suite :

Adam Boucher;

Raimond Boucher (1533);

Pierre Boucher, par acquisition (1538);

Arnoul Boucher (1545);

Charles Boucher (1578);

Pierre Boucher (1608);

La dame de Pincé, veuve de Pierre Boucher (1610);

Pierre Boucher (1632);

Charles Boucher, conseiller au Parlement (1688).

---

1. Aveu de la seigneurie de Gometz.

2. Sur Jean Le Maréchal, voyez page 202. Quant à Jehan Rigault, c'est, pensons-nous, le même personnage à qui Charles V donna 2,000 florins d'or le 1er nov. 1364. Il avait repris Nogent-le-Roi (Voyez Léopold Delisle, *Mandements de Charles V*, n°° 118 et 132, et Lebeuf, *Hist. du diocèse de Paris*).

3. 71 écus d'or à la couronne et 2 sous parisis qui font 80 livres tournois furent payés à la vue des notaires. Orig. en parch.

Nous avons dit précédemment comment ce fief fit retour aux seigneurs de Bures.

Les Boucher n'habitèrent jamais à Launai. Ce petit domaine, agréablement situé entre des eaux et des bois, enfermé dans des limites restreintes, mais bien proportionnées, et jouissant d'une large vue sur deux belles vallées, devait plaire à quelque brave gentilhomme de campagne. En 1578, la maison de Launai et 26 arpents de terre furent vendus par Jean Arnault, praticien en cour laie, demeurant à Saint-Clair, à Louis Ménisson, écuyer, « seigneur d'Arpenti et de Vauhallant, en partie », moyennant 466 écus 2/3, soit en prenant l'arpent pour base à 17 écus l'arpent, 18 écus 1/2 en comptant la charge du cens.

Les possesseurs successifs furent : Tristan de Moulineaux, écuyer, seigneur d'Arpenti ; sa veuve, demoiselle Claude d'Averton ; Jacques Orgeron, bourgeois de Paris ; Magdelaine Roze, veuve Orgeron ; Nicole Orgeron, femme Fossier, tapissier à Paris (14 avril 1691) ; madame de Roussillon le posséda et en dernier lieu, avant la Révolution, Launai appartenait à M. Puissant.

§ 4. FIEF DE MONTJAI.

Ce fief occupe le sommet de la colline brisée qui forme un des côtés de la vallée de Gometz-le-Chatel. Le château, établi dans une position qui a dû être forte et qui est restée admirable, dominait tellement le manoir de Bures que le châtelain de la hauteur avait peine à se soumettre au seigneur de la prairie.

En 1382, « Montjai » était tenu par Guillaume des Essards, et consistait en « manoir manable avec une métairie », 90 arpents de terre labourable, 30 de bois taillis, 5 de hautes futaies, 24 de « brières et buissons ; plus 33 livres de menus cens avec justice et connoissance de ses hostes jusqu'à 60 sols »[1].

Des Essards ne garda pas longtemps ce fief, qui passa à Soyer de Voisins et à Jean de Walles (1393-1406).

En 1494, le suzerain de Montjai était Pierre de Bresnes, écuyer, seigneur de Bombon en Brie[2] ;

19 juin 1505. Me Jean de Bresnes, fils du précédent ;

---

1. Aveu de Gometz.
2. Transaction entre P. de Bresnes et Antoine Sanguin (24 janvier 1594).

1533. Geoffroy de Bresnes, écuyer, seigneur de Grégy et de Montjai, rend hommage à Jean Sanguin.

En 1537, Jean de Bresnes II, frère du précédent, seigneur de Bombon et de Montjai-en-Gometz, paya à Jean Sanguin 60 écus d'or pour droits de mutation. Il mourut en 1553.

1561. Charles de Bresnes, fils aîné du précédent.

1587. Jean de Bresnes III.

1595. Jean de Bresnes IV, fils de Jean III.

En 1600, Jean fit un dénombrement de sa seigneurie. En voici les principaux articles : Maison et hôtel seigneurial à 2 étages, etc.; maison de ferme de 6 travées et clos de 2 arpents.

Vers 1605, ce domaine passa, par voie d'achat, à Balthasar de Valles, auditeur des Comptes, qui se qualifiait sieur d'Orillac et appartenait à la famille de Valles de Grand-Mesnil. Il comprenait 100 arpents de terre labourable, 26 ou 30 de bois, 5 de prés, 20 de buissons et bruyères. A cela il faut ajouter les 33 livres de cens, les droits seigneuriaux, etc. Le prix cependant ne dépassa pas 400 livres de rente. Balthasar mourut le 31 décembre 1623 [1], laissant des héritiers mineurs.

Pierre de Valles, aussi auditeur des Comptes, lui succéda dans la seigneurie et rendit hommage à Jean de Chaulnes devant Gui Sevin, maître ordinaire en la Chambre des Comptes, seigneur de Gometz-la-Ville, et (de) Me Louis André, curé de Bures.

Il mourut, en 1659, laissant dix enfants. L'aîné, Antoine de Valles, n'avait alors que quinze ans. A sa mort (1701), Montjai fut vendu à J.-B. Regnard, gentilhomme du duc de Berry.

1738. François-Robert Bastonneau, maître des Comptes, seigneur vicomte d'Azai, gendre du précédent.

Dans l'aveu, on énonce l'hôtel seigneurial à deux étages, deux cours, jardin, parc de 20 arpents ; une étoile en chêne et charmille de 6 à 7 arpents, le tout enclos de fossés ; la ferme et 121 arpents de labour, prés, vignes, bois, en tout de 175 à 180 arpents.

En 1764, le 20 novembre, demoiselle Catherine-Rosalie Bastonneau et François Daligé de Saint-Ciran, maître des Comptes, et Jeanne-Denise Bastonneau, sa femme, en leurs noms et pour deux autres sœurs, firent foi et hommage à François de Harcourt-Beuvron, seigneur de Bures, « les dites demoiselles sans gants, le dit sieur un genouil en terre, nue tête, sans épée ni éperons [2]. »

---

1. Note de Jean de Chaulnes.
2. Acte reçu par Rivière, notaire à Paris.

Le dernier propriétaire connu avant la Révolution est une dame Charron (v. 1774).

De Montjai dépendaient trois arrière-fiefs à Janvris.

L'un, d'une contenance de 40 arpents, appartenait, vers le milieu du xive siècle, à Pierre, écuyer, puis à Guillaume Le Bègue, « varlet de chambre du roy », à Pierre Le Bègue, clerc de la Prévôté, à Jean Le Bègue, notaire au Châtelet, fils et petit-fils des précédents (19 juillet 1393). Colette Le Bègue apporta ce domaine à Bertrand Quentin, conseiller du roi (1393-1406).

En 1580, le propriétaire de cet arrière-fief était Jean de Baillon, seigneur de Janvris, etc., qui possédait aussi les deux autres, dont l'un comprenait au xvie siècle le champart de 18 arpents.

§ 5. FIEF D'ORILLAC.

Le véritable nom de ce fief est Reilhac, qu'il reçut d'une famille qui le posséda au xve siècle.

Le 26 octobre 1452, « Loys Franc, cirurgyen, à présent demeurant à Bures », prit à cens de Pierre de Sauveterre et de « damoiselle Oline de Reilhac, sa femme, fille de meystre Clément de Reilhac, conseiller au Parlement, et de damoiselle Pernelle de Maignac », un fief assis à Bures, comprenant 29 arpents 1/2 de terre, arpent et quart de pré. Le détail indique 3 arpents seulement de terre « gaignable », 9 de vieilles vignes « demeurées en bois », au-dessous du chemin de Chevreuse à Lonjumeau, 9 en friches, 2 en garenne et bois près le chemin de Moulon[1]. On reconnaît là le domaine de l'ancienne ferme de la Guyonnerie.

Trente ans plus tard (5 février 1481), un neveu de damoiselle Isabeau de Sauveterre, Guillaume Claustre, licencié en lois, seigneur d'Amblainvilliers, vendait à Antoine Sanguin un « fief d'Orillard », consistant en « un hostel et jardins ». L'hôtel était situé dans le village. Le domaine rural était déjà divisé entre cinq tenanciers.

En 1562, la famille de Valles de Grand-Mesnil possédait le fief. Un sieur Guyon Delorme exploitait une partie des terres ; d'où est resté le nom de Guyonnerie.

En 1714, François de La Fond de Commenchon, procureur en la cour des Monnaies, vendit à Adrien-François Weymal, écuyer,

---

1. Copie collationnée. Jean de Chaulnes a écrit au dos : « Ne sert de guères. »

seigneur de Launai, trésorier général des véneries, fauconneries et toiles de chasse de S. M., le fief de Moulon, la ferme « d'Aurillac », autrement dite la Guyonnerie, et le fief « d'Aurillac, si aucun il y en a », en tout 182 arpents. Prix, 23,500 livres.

En 1768, Louise Bocquet de Chanterenne, légataire d'Adrien de Weymal, vendit à Claude Girard, secrétaire du roi, seigneur de Vaugrigneuse, le Grand Launai, avec le fief du Bas-Moulon, mouvant du sieur de Leuville, la Vauve et la ferme de la Guyonnerie.

En 1779, la Guyonnerie appartenait à M. Basly, qui l'avait acquise de Mme Girard. M. Le Paige, seigneur de Bures et de Petit-Mesnil, releva, en faveur d'Alex. Basly, écuyer, ancien échevin de Paris, acquéreur du domaine de Launai, le fief de Reilhac, « dit par corruption Orillac [1] ».

Par la même occasion, on jugea opportun de rétablir le fief de la Rivière Chouchette, consistant en 459 perches encloses dans les murs du parc de Launai et dont on n'avait pas entendu parler depuis le xve siècle.

M. Basly avait pour gendre M. Louis Desjoberts, conseiller du roi, grand maître des eaux et forêts de France au département de Valois, Senlis et Soissons, dont la famille possède encore le Grand Launai.

L'histoire des nouveaux fiefs sera courte. Le lendemain du 4 août 1790, M. Le Paige et M. Basly n'étaient plus occupés qu'à régler le taux du rachat par le Gouvernement des droits tant annuels que casuels, conformément au décret de l'Assemblée nationale. C'était une autre illusion qui fut de courte durée.

Le fief de Reilhac a repris son nom plus humble de la Guyonnerie, et, comme au temps du laboureur Guyon de Lorme, des toits de chaume, que n'approchent ni l'ambition, ni l'inquiétude, y abritent une famille heureuse.

Plusieurs actes du xvie siècle font mention d'un fief du Bas-Moulon. Un receveur des Sanguin en prenait le titre. Dans un acte de 1714, on trouve encore la mention du « fief de Moulon », situé en la paroisse de Bures, consistant en un clos et grange d'un arpent, quelques terres et 50 arpents de bois en côte.

Il appartenait à M. de la Fond de Commenchon, procureur général en la Cour des Monnaies.

---

1. 6 juillet 1779. Peron, notaire à Paris.

Il s'agit évidemment de l'endroit appelé « Grange de Moulon » et Bas-Moulon, et qui a suivi jusqu'en 1789 le sort de la Guyonnerie.

§ 6. AUTRES PETITS FIEFS RELEVANT DE BURES.

De la seigneurie de Bures dépendaient encore quelques petits fiefs qu'il suffira d'énoncer :

1º Le fief Guérin des Guets : 34 arpents de terre entre Montjai et les Ullys ;

2º Le fief de Boutillier : 50 arpents de bois, assis entre Bures, Orsai et Mondétour ;

Antoine de Chazai les vendit à Antoine Sanguin.

3º Le fief des Ullys, situé sur la paroisse d'Orsai, et qui appartenait aux religieux de N.-D. du Val-des-Écoliers ;

4º Le fief de Noisemont, paroisse d'Orsai, dont on peut dire que depuis M. de Chazai, en 1491, jusqu'à M. Rouillé, vers 1757, nul ne connut ni l'étendue ni les droits. En 1521, Antoine Sanguin retrouva le fief et le loua 30 sous parisis de cens, et 34 sous et 2 chapons de rente. Jean de Chaulnes peina beaucoup à en étudier les titres et en tira peu de chose. On ne savait plus alors en quoi il consistait.

M. Rouillé en fit faire le plan. A cette époque, il était en partie occupé par la femme du poète Le Franc de Pompignan.

5º Le fief de Mongouverne consistant en 2 arpents de pré, entre Launai et Grand-Mesnil, a été possédé, en 1578, par Claude de Harville, seigneur de Palaiseau ; en 1686, par M. de Harville des Ursins, marquis de Palaiseau ; en 1731, par M. l'abbé de Pomponne, puis par Mlle de Sens ; enfin, en 1779, par M. de Condé ;

6º Le fief de Villefeu, possédé en 1574 par Nicolas de Thou, évêque de Chartres, seigneur de Villebon et Villefeu ;

7º Le fief de la Hacquinière. La ferme de la Hacquinière, indiquée sur la carte de l'état-major, n'existe plus qu'à l'état de souvenir.

Au XVIIe siècle, un jeune docteur s'efforça de donner de la renommée aux eaux de ces fontaines. Nous n'essaierons pas de rechercher s'il avait raison de leur attribuer une valeur médicale. Elles sont fraîches et pourraient être limpides.

Plusieurs personnages ont pris le titre de seigneurs de la Hacquinière. Nous citerons Charles Paré ; Jean Vaillant ; Pasquier Le Marquant (1691) ; Antoine (1761) ; Mérault, seigneur de Gif. La Hacquinière relevait du fief du Petit Launai.

III.

VALEUR DES TERRES A BURES ET DANS LES ENVIRONS DEPUIS LE XVe SIÈCLE.

Le principal et peut-être l'unique intérêt de l'étude qui va suivre consiste en ce point que, grâce à l'ordre mis dans leurs affaires par Jean de Chaulnes et par M. Le Paige, il nous a été possible de déterminer l'exacte progression de la valeur de certaines pièces de terre, de prairie ou de bois. Pour plusieurs d'entre elles le nom des *chantiers* n'a pas changé; pour les autres, la mutation a été si soigneusement notée, que les anciens propriétaires pourraient encore, s'ils revenaient à la vie, soutenir une action en bornage.

Un acte conservé dans le cartulaire de Notre-Dame de Paris nous fait connaître le prix des prés au XIIIe siècle.

Le chanoine Nicolas du Pressoir, docteur en théologie, légua à son église, entre autres choses, un arpent de pré, sis à Bures (26 janvier 1301). Cet arpent fut revendu par le Chapitre au prix de 36 livres parisis [1]. Ce prix est très-élevé si on le compare à ceux qui ont été constatés à la même époque [2]. Par malheur, ce renseignement est isolé et il nous faut descendre jusqu'au XVe siècle pour trouver une suite de documents qui permette de constater le progrès de la valeur des immeubles à Bures.

Nous avons vu que, depuis le premier quart du XVe siècle jusqu'en 1479, époque de l'avénement des Sanguin, la terre, faute de tenanciers, n'avait presque plus de valeur. Elle commença alors à en reprendre et nous allons assister à une curieuse reproduction du phénomène de la constitution primitive de la propriété. Le seigneur de Bures était redevenu, faute de cens payés, maître absolu de tout son domaine, ce qui d'ailleurs ne constituait aucun avantage pour lui. C'était dans ses mains une valeur inerte. Au contraire, en concédant ces champs, ces prés, ces bois ou plutôt ces broussailles, si peu élevé que fût le cens, si modiques les droits de mutation, l'ensemble devait former un revenu. On pouvait ensuite, grâce au repeuplement de la seigneu-

---

[1]. *Cartulaire de Notre-Dame de Paris*, t. IV, p. 14.

rie, louer à bail les biens non donnés à cens. C'est ce que firent les Sanguin. Ils cédèrent l'arpent de pré pour 18, pour 12 deniers de cens annuel; l'arpent de labour pour 12, 8 et même 6 deniers, mais à charge de défricher, de planter, de bâtir. En peu d'années, ils reconstituèrent ainsi leur domaine, en l'aliénant. Puis, commença le développement du phenomène que nous avons annoncé. La terre, donnée à cens, gardait le seigneur pour maître quasi honorifique; de fait elle devenait la propriété du paysan. Il la louait, la vendait, la léguait à ses enfants, qui, en tous cas, en héritaient. Quand le jour vint où le seigneur fut pris du désir de faire rentrer dans son enclos, dans sa ferme, dans son parc les terres aliénées, il dut les payer à beaux deniers comptants et au prix fixé par le tenancier.

§ I. FIN DU XVᵉ SIÈCLE.

En 1489 (acte du 21 novembre), un arpent de pré, « sous l'église de Bures », fut acheté 12 livres tournois par Antoine Sanguin et immédiatement loué à celui-là même qui le vendait avec un loyer de 20 s. parisis. Durée du bail, 9 ans.

La même année (9 février), Antoine Sanguin acheta un autre arpent de pré, « sous la butte », moyennant 7 livres tournois.

En 1494, Ségouin, laboureur à Orsai, vend à messire Hardouin Paris, curé de Palaiseau, trois quarts d'arpent de pré, « au Gué-au-Coq »; prix, 10 livres tournois, plus la charge du cens.

L'année suivante (26 janvier 1495), nous trouvons le bail à rente d'un demi-arpent de pré sous l'église; prix, 8 sous, plus 6 deniers de cens. Ce fermage, capitalisé, porterait le prix de l'arpent à 16 livres si on le capitalise à 5 o/o, à 36 livres si on capitalise à 2 et 1/2 pour cent.

Dans ces mêmes années, l'arpent de pré, dans la prairie de Gif, était prisé 30 livres et loué 18 sols[1].

L'estimation des prés dépendant du domaine des Boucher à Orsai, au Petit-Mesnil de Bures, etc., les portait à 25, 30, 35, 40 livres l'arpent. Un de ces prés était précisément situé au Gué-au-Coq, sous le Grand-Mesnil.

---

1. Le prix moyen de l'arpent de pré dans les environs de Paris pendant le XIIIᵉ siècle est de 9 livres 8 sous 3 deniers. Le prix le plus élevé a été de 20 livres. Voyez la Préface du *Cartulaire de Notre-Dame*, p. ccxxi et suiv.

Il ne sera pas inutile de faire encore quelques emprunts aux documents de nos voisins[1].

Les terres de la ferme d'Orsai étaient évaluées 12, 15, 16, 18 livres l'arpent. Les bois, 15 livres (bois de la Garenne), 25 livres (bois aux Anes); l'arpent de châtaigneraie (au-dessus du cimetière d'Orsai), 24 livres[2].

Autres évaluations : bois, à Gif, 20 livres l'arpent; à Saint-Aubin et au Ménil-Blondel, 10 livres l'arpent.

En résumé, voici notre point de départ : à la fin du xve siècle, les prix à Bures étaient — pour l'arpent de terre de 10 à 20 livres tournois; — pour l'arpent de pré, de 10 à 40 livres; — pour l'arpent de bois, de 15 à 20 livres.

A la même époque, le chapon de cens était prisé 2 sols tournois; la poule 1 sol;

Le setier de petit grain, 10 sols p.; d'avoine, 10 s. p.; de méteil, 12 s., 6 den. parisis.

§ 2. PREMIÈRE MOITIÉ DU XVIe SIÈCLE.

— *Terres labourables.* 1532. Arpent et 16 perches, « où il y a grand nombre de merisiers », au Petit-Launai, sur le grand chemin de Chartres, 15 livres l'arpent;

18 mai 1536. Trois quarts d'arpent au même lieudit, mais près des maisons, vendus 62 livres, ce qui porte l'arpent à 80 livres environ. L'acheteur était un homme de loi de Paris, qui voulait se faire un domaine et payait la convenance.

1541. Jean Brémond vend à Geoffroi Trunel 4 arpents à la Custodière; prix, 60 livres, soit 15 livres l'arpent.

28 mars 1543. Trois quarts d'arpent au même lieu, 11 livres 5 sols, en écus d'or à 45 sols l'écu. L'arpent ressort à 15 livres.

Décembre 1543. 96 perches, même terroir, chemin de Montjai à Gif, 22 livres t.; prix de l'arpent, 23 livres environ.

— *Prés.* 1533. Deux arpents et demi sous le Grand-Mesnil, achetés 25 livres, soit 10 livres l'arpent;

1540. 5/4 de pré à Launai sont vendus 42 livres t., soit 35 livres 4 sols l'arpent;

---

1. Comptes des Boucher d'Orsai.

2. Ces renseignements sont tirés de l'estimation faite de l'héritage d'Adam Boucher, vers 1512.

1549. 14 perches des prés Anroux (près le pont de Grignon), vendus 12 livres, soit 98 livres 12 sols l'arpent.

— *Bois.* 1529. Demi-arpent de taillis aux Montloris, 5 livres t., soit 10 livres l'arpent;

1544. Trois quarts de taillis à Launai, vendus 6 livres : prix de l'arpent, 8 livres.

Il faut noter que le prix de ces sortes de biens est susceptible de grandes variations, selon l'âge des coupes. Les bois de Gif, situés derrière l'abbaye, valaient (1533) 20 livres l'arpent. Raimond Boucher, qui en possédait 50 arpents au même endroit, en vendit la coupe (1538) à exploiter en six ans, pour le prix de 216 livres.

Vers la fin de la première moitié du xvie siècle, quelques comptes nous apprennent le prix fait de différents objets, celui des journées d'ouvrier et de charroi.

En 1541, pour un arpent de terre aux Ullys, acheté 14 livres, on paya au seigneur de Bures 17 sols 6 deniers tournois de droit d'ensaisinement.

Pour une maison de « trois espaces », cour et jardin, achetée 30 livres, le droit monte à 37 s. 6 den. t.

En 1539, la dépouille des prés du château fut vendue 33 livres. Les deux années suivantes les prés furent dépouillés pour Monseigneur le Cardinal et produisirent 3500 bottes et 1800 bottes de foin, qu'on porta à Meudon.

En 1542 et 1543, bail des prés (8 arpents et demi) à raison de 38 livres 5 sols, soit 4 livres 10 sols l'arpent.

En 1540 et 1541, on paya le fauchage des prés à raison de 12 sols l'arpent; le fanage 7 sols 6 deniers.

Le bottelage « à trois liens » était compté 2 sols 6 deniers le cent de « botteaux ».

Nous connaissons les prix pratiqués douze ans plus tard, en 1552.

Le même ouvrier reçut, pour le fauchage des mêmes prés, 15 sols par arpent. Le salaire est augmenté d'un quart.

Le fanage est payé 10 sols l'arpent. L'augmentation est également d'un quart.

On verra plus loin, et le fait vaut la peine d'être noté, que le prix du muid de mouture présente une élévation d'un tiers.

Cette même année, la récolte s'éleva à 3000 bottes, vendues 3 fr. le cent, soit 90 fr. Déduction faite des frais de culture, le produit s'éleva à 72 livres; qui, divisées par 10 arpents et demi, donnent 6 livres 6 sols par arpent. Il était de 4 livres en 1540.

Ces revenus paraissent fort élevés si on les rapproche du prix des prés à cette époque, lequel ne dépassait pas 40 ou 60 livres l'arpent.

Les mêmes comptes font connaître le prix des bois taillis. La coupe des bois Boutillier, en 1540, fut vendue 7 livres l'arpent.

En 1540, le muid de mouture fut vendu 18 livres ; le méteil, même prix.

En 1552, le muid de mouture (mesure de Paris, comme en 1540) se vendait 24 livres ; le setier d'avoine, 40 à 45 sols.

Cette même année, un chapon est évalué 4 sols ; une poule 2 sols [1].

1540. Une journée d'homme cuisant du plâtre vaut 2 sols 6 deniers ; celle d'un charpentier, la même somme ;

Un « masson en plastre » et son aide, 6 sols par jour ;

Un chariot, 6 chevaux et leur conducteur, 1 livre par jour ;

Un cheval et un homme, 5 sols.

Nous pouvons déjà constater une augmentation du simple au double sur le prix de certains objets. Le chapon, prisé 2 sols en 1500, était coté 4 sols en 1552. La poule était également portée de 1 sol à 2 sols.

Le setier d'avoine de 10 sols s'était élevé à 40 et 45 sols. Une élévation correspondante dans le prix des terres ne devait pas tarder à se produire. La découverte de l'Amérique jetait de grandes quantités d'or dans la circulation. La sécurité rendue aux campagnes, en même temps qu'elle accroissait la valeur de leurs productions, ramenait vers elles le goût des habitants des villes.

§ 3. DEUXIÈME MOITIÉ DU XVIᵉ SIÈCLE.

Prés. 8 juin 1560. Deux arpents de prés dans la prairie de Bures furent vendus à raison de 15 livres l'un. Or, ces deux arpents avaient été, le 8 mai 1479, donnés au cens de 6 sols

---

1. Je relève ce passage à l'intention des historiens de Limours : « A esté baillé par ledict recepveur pour faire du pain quant mond. seigneur print possession de Lymours et fist venir ses chiens à Bures où ils furent trois jours, deulx septiers blé, pour ce 11 septiers blé moulture. »

parisis, par Adam Boucher, seigneur d'Orsai, à Jean Simon.
Le 7 juillet 1493, les enfants du premier les rétrocédèrent à Jean
Le Breton, moyennant 18 livres tournois. Soixante-sept ans
plus tard, Jean Le Breton revendait ces deux arpents 30 livres.
Enfin, 5/4 de ces mêmes arpents furent (19 juillet 1582) achetés
pour 66 écus soleil et 2/3, — soit 53 écus ou environ 159 livres
l'arpent, — par Antoine de Chaulnes, seigneur de Bures.

En moins d'un siècle, l'arpent de pré que le seigneur du Petit-
Mesnil avait été heureux de donner au cens de 3 sols parisis,
c'est-à-dire en lui attribuant une valeur de 4 à 8 livres, montait
à 159 livres et était racheté pour un prix vingt fois plus élevé ;
mais l'augmentation la plus considérable se trouve entre le prix
de 1560, qui est de 15 livres, et celui de 1582, décuple du précédent.

En 1565, une estimation faite pour partage entre co-héritiers
nous fournit une série de prix :

Arpent de terre « aux Sablons », 12 livres ;

D⁰   « aux Fonceaux », 24 livres ;

3/4 « sur la rue de Bures », 50 livres ;

1/4 de pré, 37 livres 10 sols, soit 148 livres l'arpent[1].

7 avril 1567, Geoffroi Boucher, tondeur de draps à Bures,
vend à Jean Dupuy, concierge à Bures, un quart d'arpent, près la
fontaine des Noyers, au taux de 36 livres l'arpent.

Enfin, en 1561, la ferme de la Hacquinière, d'une contenance
de 70 arpents, était louée 66 livres tournois, soit 18 sous l'arpent.

2 mai 1572. L'arpent au pré Burette, autrement dit la Fouqueterie, ressort à 19 livres 4 sols l'arpent.

A partir de cette année 1572, d'ailleurs si funeste, on constate
une nouvelle élévation du prix des terres. C'est le temps où les
Parisiens commencèrent à en acheter à Bures.

19 mars 1573. Jean du Boile, procureur au Châtelet, achète
9 arpents de terre et le pressoir de feu Vincent Roze pour 553
livres tournois, soit à environ 60 livres l'arpent; plus trois quarts
de pré sur la rivière morte, pour 90 livres, soit à 120 livres
l'arpent.

En 1578, J. Ernault, praticien à Gometz, vendit à M. d'Arpenti
le domaine qu'il avait constitué au Petit-Launai, en tout 26 ar-

---

1. Registre des lods et ventes payés à la famille Boucher.

pents, au prix de 66 écus d'or, soit de 51 livres l'arpent. Il l'avait acheté quarante ans auparavant à raison de 15 à 20 livres l'arpent. L'augmentation est de 250 à 300 pour cent. M. d'Arpenti voulait avoir sa petite gentilhommière et la payait chèrement.

Ce fut en 1581 qu'Antoine de Chaulnes commença ses acquisitions. Par métier, il savait le prix des choses ; mais on connaissait son envie d'arrondir son parc, ses prés, ses bois. Le cens une fois payé, le paysan était maître sur son champ et ne le vendait que si cela lui plaisait.

Le 27 décembre 1581, le seigneur de Bures acheta deux arpents et demi de friches « aux Ullys », au prix de 30 écus d'or soleil. L'arpent revient à 48 livres environ.

19 janvier 1582. Demi-arpent de vigne à la Dimancherie ; prix 16 écus soleil et 2/3 d'écu, (payés en 17 écus pistolets et 14 sols). L'arpent revient aux environs de 100 livres.

Même année. La moitié de 5/4 d'aulnoi, « à la pâture Morin », 17 écus et demi, soit 80 livres l'arpent.

Le 26 mai 1582, noble homme Guillaume des Moulineaux, seigneur d'Arpenti, demeurant à Launai, vend 3/4 d'aulnoi pour 18 écus 10 sols tournois, soit 64 livres l'arpent.

21 mai 1582. 1 arpent « au Bois Comtesse », 8 écus 2/3, soit 26 livres.

Même date. Lucas Delahaye, maçon à Palaiseau, vend à Jacques Prévost, laboureur à Bures, 1/2 quart d'arpent avec masure au chemin de Bures à Grignon, moyennant 10 écus soleil, soit au taux de 240 livres l'arpent. La grosse de l'acte, la minute et la vacation furent payées 16 sols parisis, ce qui revient à 2 et 3/4 o/o.

19 juillet 1582, 5/4 d'arpent de pré sur l'Ivette, sous le Grand-Mesnil, sont vendus 200 livres, soit 160 livres l'arpent. Jacques Asselin, sergent à Gometz, vend un quartier de pré, sis prairie de Bures, sur la rivière morte, 23 écus soleil et 20 sols, soit 277 livres l'arpent (5 juillet 1582). En 1553, ces mêmes prés valaient 10 livres et les meilleures parties 25 livres l'arpent.

13 août 1582. Lucas Delahaye, déjà nommé, vendit à Madame de Chaulnes, qui avait la procuration de son mari, un arpent de taillis, aux Montloris, 28 écus d'or et 1/3, soit 85 livres, soit 170 livres l'arpent. C'est le maximum de l'exploitation.

Six jours plus tard, la même dame de Bures, dont l'envie d'acquérir se manifestait avec une vivacité toute féminine, acheta un

demi-arpent de vigne « à la Fosse-Pigeon » (les Baratteries) pour
22 écus, soit 132 livres l'arpent. Antoine de Chaulnes n'y put
tenir. Il écrivit au dos de l'acte : « contract qu'on a faict faire
à ma femme, à cause du prix excessif, qui n'est semblable aux
miens. »

Les siens cependant allaient toujours augmentant. Le 25 janvier
1583, il acheta de Jean Foucault, son receveur, un arpent de
pré dans la prairie de Gometz, au prix de 80 écus (payés en douze
vingt francs d'argent), soit 240 livres l'arpent.

1er février 1583. 3/4 de pré à la Josetterie, 180 livres l'arpent.

Même date. 2 arpents d'aulnoi, près le Vaularon, 40 livres
l'arpent.

20 février 1583. Lucas Delahaye vend à Antoine de Chaulnes,
présent cette fois, un demi-arpent de taillis aux Montloris, au
prix de 5 écus d'or (payés en deux doubles pistolets et 4 quarts
d'écu, le double pistolet valant 6 livres) ; prix de l'arpent, 30
livres. — Comparez avec la vente de 1582, faite par le même Delahaye à Madame de Chaulnes.

A côté de ces grands prix, on en trouve quelques-uns qui
étonnent par leur modicité.

Un demi-arpent de terre en friche sous les Bois-Comtesse fut
vendu (5 août 1582) 2 écus et 22 sols, soit 14 livres 4 sols l'arpent ; mais il faut savoir que ce petit bien devait, outre un cens
de 4 deniers, qui n'était rien, celui d'une poule qui valait 1 sol
en 1400, 2 sols cent ans plus tard, et au moment de la vente
8 sols au moins, peut-être plus. Or, cette charge diminuait
dans une notable proportion la valeur du demi-arpent que
détenait le sieur Talleman, cordonnier à Gometz. Ç'est là un
élément dont il faut tenir grand compte dans les calculs auxquels nous nous livrons.

Les hauts prix n'étaient pas imposés qu'à Antoine de Chaulnes.
En 1583, le meunier du Grand-Moulin eut besoin de 5 perches
de jardin, « près sa maison. » Lucas Delahaye les lui vendit 5
écus, soit au taux de 300 livres l'arpent.

16 mai 1583. 2 arpents de terre, aux Quatre-Chemins, près de
Launai, vendus 100 livres, soit 50 livres l'un.

25 octobre 1583. Un arpent de terre labourable au Pré Mou-
chard, chemin de Belleville à Saint-Clair, 43 livres.

4 décembre 1583. 3 arpents, terre labourable, sur le grand
chemin de Chartres, 42 livres l'un.

1584. 3 arpents, terre labourable, grand chemin de Chartres, 40 livres l'un.

17 avril 1584. 1 arpent 13 perches, terre labourable; vendus 18 écus soleil et 50 sols tournois; un peu plus de 50 livres l'arpent.

Mai 1584. Deux arpents, labour, à Gometz, lieudit la Morandière; prix 54 écus soleil et 1/3; 82 livres l'arpent.

Cette même année, l'arpent de terre, sur le chemin de la Febvrie à Gif et à Bures, est vendu 50 livres.

15 mai 1584. 3/4 de pré, dans la prairie de Bures; prix, 60 écus soleil; 240 livres l'arpent.

29 mars 1584. 1/3 d'arpent de pré, tenant d'une part et des deux bouts au seigneur de Bures et d'autre part à l'Ivette; prix, 33 écus soleil, ce qui met l'arpent à 300 livres.

Mais ce fut le 29 juillet 1586 que la *hausse* atteignit son maximum. Un arpent de pré sur la « morte eau » derrière le jardin du sieur de Bures, fut acheté 348 livres. Sa situation lui donnait une plus-value d'un tiers. Ce fut d'ailleurs le dernier pré acheté par Antoine de Chaulnes.

Même remarque sur le prix des terres. Le 10 avril 1587, M. de Chaulnes acheta de la terre en labour, sur le chemin de Bures à Gif, à raison de 99 livres l'arpent; et le 27 avril de la même année il dut payer 5 livres 12 perches de terre sises à la Febvrie. L'arpent montait à 240 livres!

Nous finirons nos notes sur cette période par un rapide examen des bois taillis.

Le 8 mai 1583, 3/4 et 10 perches de taillis aux Montloris furent payés 67 livres 10 sols, soit 54 livres l'arpent.

29 juin 1586, demi-arpent de taillis au même lieu, 10 écus soleil, environ 60 livres l'arpent.

Même jour, même lieu. 16 perches sont vendues 6 écus et 12 sols, environ 115 livres l'arpent.

28 juillet 1586. 1/2 arpent de taillis même lieu, vendu au taux de 100 livres l'arpent.

Le 10 avril 1587, 5/4 de taillis au même lieu étaient payés 92 livres 10 sols, soit 48 livres l'arpent.

Ce qui fait bien ressortir la part que la convenance avait dans ces prix, c'est qu'Antoine de Chaulnes acheta les Bois-Comtesse (27 août 1584), à raison de 36 écus, soit 118 livres l'arpent. Les Boucher voulaient avoir ces bois. Il fallut pour les leur

enlever user du droit de retrait seigneurial et mettre la bourse
à la main.

En résumé, pendant le xvie siècle, les prix ont subi l'élévation
suivante :
— *Prés* : 10 livres l'arpent (1533) ; 35 livres (1540) ; 98 livres
(1549) ; 148 livres (1565) ; 120 livres (1572) ; 120, 160, 240,
180 livres (1582) ; 300 livres (1583) ; 240 livres (1584) ; 348
livres (1586).
— *Terres labourables* : 15 livres (1532, 1543) ; 23 livres (1543) ;
24, 30, 50 livres (1565) ; 44 livres (1567) ; 36 livres (1561) ;
60 livres (1572) ; 46 livres (1575) ; 36, 28, 100, 120 livres (1582) ;
50, 43, 50, 40 livres (1584) ; 49 livres (1586).
Les prix des terres présentent et doivent présenter plus de différences que ceux des prés ; mais, en moyenne, l'augmentation est
de 200 pour 100.
— *Taillis* : 10 livres (1529) ; 8 livres (1544) ; 48, 44, 40, 52,
170, 30 livres (1582) ; 102 livres (1584) ; 60, 100, 48 livres
(1586).
Le prix des bois doit présenter des différences à raison de l'âge
des coupes ; l'augmentation moyenne est d'environ 500 pour
100. Les petits et les grands seigneurs recherchaient les bois.
— *Aulnois* : 40 livres (1574) ; 80, 72, 60, 40 livres (1582) ; 68
livres (1583). Cette nature de fonds était en voie de transformation. On en tirait un bon rapport. En 1577, un arpent d'aulnoi,
« au Pré Burette », fut baillé à rente de 3 livres.
— *Vignes* : 100, 130 livres l'arpent (1582). A Bures, la profession de vigneron existait encore à la fin du xvie siècle.

Dans les dernières années du siècle, on trouve des prix moins
élevés, soit que les fonds vendus aient eu moins de valeur, soit
que les guerres civiles aient effrayé l'argent.
8 juin 1591. Arpent et 1/4 de terre, « au Gros-Châtaignier »,
prix 10 écus, soit 24 livres l'arpent.
8 mars 1593. 2 arpents, « à la Fauconnerie », chemin de Gif à
Palaiseau, 20 écus, soit 80 livres l'arpent.
Dès 1595, Jean de Chaulnes commence à agrandir l'héritage
paternel.
19 octobre 1595. 2 arpents de terre labourable, chemin de Gif
à Bures, 13 écus 10 livres, soit 18 livres 10 sols l'arpent.

3 décembre, même année. 1 arpent de taillis au coteau de Moulon, 41 livres 10 sols.

4 janvier 1596. 42 perches d'aulnoi « à la Pâture Morin », 48 livres, environ 115 livres l'arpent. Prix de convenance.

26 février, même année. 1 arpent taillis, « au Clos aux Vieilles », 90 livres.

15 mars 1596. 3 arpents de terre, « à la Fontaine-Potière » (vers l'angle formé par le chemin de Gif à Palaiseau et le chemin de Bures à Moulon), prix 27 écus d'or; 27 livres l'arpent.

15 mars 1600. 3 arpents de terre labourable, « aux Fonceaux », 33 livres l'arpent.

14 décembre 1600. Demi-arpent et demi-quartier de taillis, « aux Montloris »: prix 25 livres, soit 44 livres l'arpent.

1601. Demi-arpent de taillis, au même lieu, 6 écus soleil; prix de l'arpent, 36 livres.

1602. 3/4 d'arpent en bois et arbres fruitiers, chemin de Montjai à Launai, vendus au seigneur de Montjai, 30 livres; l'arpent ressort à 40 livres.

18 novembre 1605. Demi-arpent 2 perches de terre, « à la Voie aux Asnes », en face du château, prix 31 livres; 72 livres l'arpent.

17 octobre 1608. 3/4 d'arpent taillis, « aux Montloris », vendus à Jean Vasse, bourgeois de Paris, sieur de la Hacquinière; prix, 18 livres, 24 livres l'arpent.

1609. 45 perches, prés, bois, bruyères à Montjai, 15 livres, soit 33 livres l'arpent.

19 décembre 1610. 1 arpent taillis, « aux Montloris », 71 livres 12 sols.

Presque toutes les indications qui précèdent sont fournies par des acquisitions de Jean de Chaulnes. Le registre des ensaisinements de M. d'Orsai pour les mutations de propriété dans ses fiefs de Launai et du Petit-Mesnil donnent des prix qui peuvent servir de moyen de contrôle.

1594. Terres, chemin de la Hacquinière à Bures, près le Vaularon, 30 livres l'arpent.

1595. Terres, à la Croix de Bures, 30 et 33 livres l'arpent.

1604. Terres, chemin de Bures à Orsai, 70 livres l'arpent.

1605. Labour, à la Croix de Bures, 40 livres l'arpent.

1606. Terre labourable au même lieu, 72 livres l'arpent.

1606. Pré, aux prés de Launai, 48 livres l'arpent.

1612. 3 arpents de terre, chemin de Saint-Clair à Bures, 70 livres l'arpent.

La même année, le sieur Gohory acheta les 104 arpents de la Hacquinière 7500 livres, ce qui porte l'arpent à 72 livres environ.

Le prix, en 1561, était d'environ 36 livres.

2 mai 1623. 8 arpents 1/2, à la Fontaine de la Roche, près le Grand-Mesnil et la route, vendus au seigneur du Grand-Mesnil 2700 livres, soit 300 livres l'arpent. Prix de convenance.

L'année suivante, Jean Hérisson, vendeur du lot précédent, achetait 1 arpent à la Cailleterie, chemin de Bures à Orsai, 120 livres.

1624. 37 perches de terre, à la Pâture-Morin, vendues 30 livres, soit 90 livres l'arpent.

1626. 1/2 arpent, à la Lunetterie, près le chemin de Chartres; prix, 21 livres; 42 livres l'arpent.

20 septembre 1626. M. de Valles de Grand-Mesnil achète un clos, au lieudit le Champagnon, contenant 1 arpent 10 perches au prix de 40 livres.

En 1595, le seigneur du Grand-Mesnil avait payé, au même lieu, 35 perches 4 livres 13 sols, ce qui porte l'arpent à 15 livres environ.

9 octobre 1626. Demi-arpent, à la Cailleterie, 39 livres, soit 78 livres l'arpent.

L'année 1638 nous apporte un acte plus précieux que tous les précédents, à savoir l'estimation des terres de Bures faite pour le partage de la succession de Jean de Chaulnes[1]. Nous avons dit plus haut quelle fut l'excellence des sentiments fraternels des héritiers du seigneur de Bures. Elle nous garantit la sincérité des évaluations qui furent faites en ce temps-là. De plus, l'un des appréciateurs déclare qu'il peut parler « de certain pour avoir tenu... ladite seigneurie à titre d'admodiation pendant neuf années consécutives ».

Un pré, sous le Château, est évalué 450 livres l'arpent. Il avait été acheté 300 livres.

Pré, sous le Petit-Moulin, 400 livres l'arpent. — Leur prix antérieur avait été : en 1495, 13 livres; en 1533, 25 livres; en 1582, 160 livres. Le dernier acheteur était Antoine de Chaulnes.

---

1. 9 juillet 1638. Acte reçu par Le Semelier et Lecat, notaires au Châtelet.

Même évaluation pour « les prés sous le Grand-Mesnil » et « les prés entre les deux rivières » et « les prés de l'Ormaye. »

Le pré de la Butte vaut 350 livres l'arpent.

La terre *mise en pré* « près l'Ormaie, c'est-à-dire vers « la Josetterie », vaut 200 livres seulement l'arpent.

Au lieudit « Pré de Moulon », entre la Guyonnerie et la rivière morte, l'arpent ne vaut que 120 livres.

Enfin un arpent de pré « en la prairie de Saint-Clair », au sentier de la fontaine dudit Saint-Clair, est estimé 240 livres.

L'aulnoi et friche, dit la Pâture-Morin (3 arpents), est estimé 133 livres l'arpent. Le prix était de 90 livres en 1540, de 115 livres en 1596. Encore avait-on payé la convenance; mais le temps, ami de la terre, avait prêté son concours à ceux qui l'aiment comme lui et consolidé la valeur d'affection. Ailleurs, l'arpent d'aulnoi varie de 80 à 100 livres l'arpent.

Passons aux bois taillis. Ceux de Montloris, du Bois-Bouteiller, du Bois-Comtesse, du coteau de Moulon sont cotés 200 livres l'arpent.

6 arpents de haute futaie, à la Josetterie, valent 250 livres.

Ici, encore, le temps avait couvert les fautes de Madame de Chaulnes, puisque ses petits-fils recueillirent, avec une valeur doublée en cinquante ans, le bénéfice de ses acquisitions les plus précipitées.

Un arpent, à la Dimancherie, est estimé jusqu'à 300 livres.

L'ensemble des bois comprend environ 110 arpents.

L'évaluation des terres présente plus de différence.

L'arpent vaut :

Près « la Febvrie » et « la Josetterie », 90 livres ;

Entre la route de Gif et le chemin de fer, 180 livres ;

Au « Chantier des Prévôts », 100 livres ;

A « la Garnetterie » chemin de Bures à Gometz, 160 livres ;

Sous « les Montloris », 80 livres ;

Vers « la Coudraie », 80 livres ;

A « la Grimouderie », 80 livres ;

Au chemin de Bures à Montjai, 60 livres ;

Au-dessous des « Bois-Contesse », 60 livres.

Les places à bâtir « Chantier des Gautiers » (près l'église) sont cotées 250 livres.

Enfin les 7 arpents de la vigne de Bures sont estimés 1400 livres.

On a soin de noter que 17 arpents sont ensemencés en blé et que les fumiers, labours et semences valent 16 livres 10 sols.

Autres évaluations. Le muid de blé est estimé valoir 90 livres; le chapon 16 sols.

En 1540-1552, le muid de blé valait de 18 à 24 livres; le chapon valait en 1500 deux sols, en 1540 quatre sols [1].

L'an 1617, Jean de Chaulnes fit élargir la mare des Ullys. Pour le cube creusé, 60 mètres environ, il paya 20 livres (50 journées à 8 sous).

Le coût, à présent, serait d'environ 150 francs.

20 livres équivalaient, en 1617, à 960 livres de blé environ; et 8 sous, prix de la journée, à 18 livres de blé.

En 1875, 150 francs sont le prix de 450 kilogr. de blé, ce qui donne 9 kilogr. pour 3 francs, prix de la journée.

Si l'on fait le même calcul sur le rapport entre le salaire de 2 sous et demi par jour vers 1550 et le prix du blé dans le même temps, 22 livres environ le muid, on trouve que l'ouvrier de Bures gagnait également 18 livres de blé par jour, pour être exact 18 livres et demie [2].

On sait qu'on tire d'un poids de blé un poids égal de pain; mais il faut tenir compte des frais de transformation. Le prix d'une journée correspondait alors à 13 ou 14 livres de pain.

Soumettons le prix des terres aux mêmes calculs comparatifs, ils donneront des résultats semblables.

En 1540-1550, l'arpent de terre labourable valait 25 livres. Au produit moyen de 4 setiers par arpent, il donnait un revenu brut de 7 livres 6 sous, soit 30 % environ, dont il y avait, bien entendu, à déduire tous les frais de culture.

---

1. Si on a égard à la valeur du marc d'argent aux différentes périodes, on trouve que le muid de blé, au cours moyen de 32 livres, était payé en 1550 à raison de 7,920 grains, en 1640 à raison de 16,740 grains, c'est-à-dire que la force de l'argent était plus d'une fois moindre. — Le chapon à 4 sous était payé 54 grains, à 16 sous, 146 grains. La force de l'argent est deux fois moindre.

2. Ces calculs donnent des résultats plus élevés que ceux des économistes du XVIIIᵉ siècle. Voyez notamment d'après Saint-Maur (*Recherches sur la valeur des monnaies*, Paris, 1762, p. 29). D'ailleurs, je ne prétends pas généraliser, et il est possible que dans l'Ile-de-France, aux environs de Paris, on trouve des moyennes plus élevées.

En 1641, l'arpent valait de 95 à 105 livres et produisait environ 30 livres, soit encore 30 %.

Voici maintenant quelques prix pratiqués au milieu et à la fin du xviie siècle.

1641. 20 arpents à la Josetterie (vieux parc de Bures) sont achetés 106 livres l'arpent.

1647. Un arpent à la Fourmillière, terroir de Gif, est estimé 100 livres.

1649. Claude de Bragelongne achète de Robert Godefroi 4 arpents de terre et 3/4 de friche aux Montloris; prix, 1540 livres. — Godefroi les avait achetés en 1645, moyennant 1350 livres, de Me Maréchal, à qui ces mêmes biens avaient été adjugés en 1635 au prix de 810 livres.

1663. L'arpent de terre, au-dessus de la Josetterie, sur le chemin de Palaiseau, est vendu 120 livres (payées en écus blancs de 60 sols). En 22 ans, le prix en ce chantier est augmenté d'un sixième.

1674. L'arpent de terre à la Fosse-Pigeon, sur le chemin de Chartres, est évalué 100 livres; — à la Mare-Sausset, à Montjai, il est vendu 100 livres; — à Montjai, entre le chemin de Montjai et celui de Montlhéri, 85 livres.

A partir de 1726, la valeur propre des monnaies n'a pas varié. Les études comparatives sont donc débarrassées de cette complication.

En 1714, l'arpent de terre à froment, à la Guyonnerie, est estimé 160 livres; — l'arpent de terre à seigle, 100 livres; — l'arpent de pâture, 100 livres; — l'arpent de pré, 200 livres; — l'arpent de bois taillis, 110 livres [1].

Or, en 1790, l'arpent de terre labourable au même lieu fut estimé 500 livres, et l'arpent de pré de 800 à 1000 livres.

En 1783, M. Lepaige avait acheté 4 arpents de terre labourable, à la Croix de Bures, pour 2700 livres, soit 675 livres l'arpent. Il voulait les louer 100 livres, c'est-à-dire à 25 livres l'arpent. Mais il dut réduire ses prétentions, car on le voit offrir ses terres, prés ou labour, à 16 livres l'arpent, ce qui constitue un revenu de 2 1/2 à 3 %.

1. Acte de vente à M. de La Fonds.

Le prix du blé avait en effet diminué, et l'arpent de terre à Bures ne rapportait plus qu'un revenu brut de 20 %.

En 1774 et 1775, le prix des journées d'ouvrier variait de 16 sous à 20 sous. Une journée d'homme et de cheval valait 45 sous. A la même époque, le pain de 4 livres se vendait à Bures 12 sous et 15 sous. La journée équivalait alors à 6 livres et 5 onces et demie de pain de première qualité. En 1773, le pain donné aux pauvres valait 9 sols les 4 livres.

En 1788, le taux des journées était de 25 à 30 sous.

Pour permettre d'apprécier les renseignements qui précèdent, nous en donnerons quelques-uns, très-sommaires, sur la valeur actuelle des biens fonciers à Bures.

L'arpent de pré (qu'on nous pardonne d'employer encore cette mesure) vaut, en moyenne, de 1500 fr. à 2000 fr. L'arpent de terre labourable de 1200 fr. à 2200 fr. Le prix commun de location est de 50 à 60 fr.

Un domaine comprenant des terres de différentes classes se louait, en 1789, à raison de 15 fr. l'arpent. Ce prix était, en 1847 monté à 50 fr. et atteint aujourd'hui 60 fr. environ.

A ces données sur le prix des terres, nous en ajouterons quelques autres sur leurs divisions parcellaires.

En 1402, sur le territoire dont on a formé les fiefs du Petit-Mesnil et du Petit-Launai, je trouve que 48 arpents environ étaient divisés en 67 parcelles, savoir 10 d'un quart d'arpent, 22 de demi-arpent, 2 de trois quarts d'arpent, 23 de 1 à 3 arpents. Deux pièces, l'une de 5, l'autre de 6 arpents, étaient abandonnées[1].

En 1527, 57 arpents, faisant partie du même domaine, étaient divisés en 94 parcelles, savoir 2 de demi-quart d'arpent, 3 de quart d'arpent, 14 de demi-arpent, 4 de trois quarts d'arpent, 34 de 1 à 8 arpents. Ces 94 parcelles étaient accensées à 32 tenanciers[2].

En 1600, après les acquisitions de terre et les formations de domaines par les Parisiens, on trouve à Petit-Mesnil et à Petit-Launai 222 arpents partagés en 203 parcelles; mais de ces 203 parcelles, il y en a 77 qui représentent 184 arpents, et 126

1. Acte d'acquisition de Raimond Raguier, 1402.
2. Terrier du 2 octobre 1527.

ne formant que 38 arpents. Sur ces 126 parcelles, on en compte 43 de demi-arpent, 29 de trois quarts d'arpent, 21 de quart d'arpent, 33 de 4 à 40 perches.

En 1741, 32 arpents du Petit-Mesnil étaient scindés en 64 parcelles, desquelles 9 comprenaient 13 arpents. Les 21 arpents restant étaient divisés en 55 lots.

Vingt ans environ après cette époque, madame de Brionne, comtesse de Limours et dame de Gometz, jalouse de connaître l'étendue de son domaine, en fit dresser le plan parcellaire. La seigneurie de Bures fut comprise dans ce travail, accompli avec autant de soin que d'habileté. Or, il suffit de jeter les yeux sur la partie du plan qui nous intéresse et de la comparer avec le cadastre pour être convaincu que la terre était dès lors aussi morcelée que de nos jours, et, par ce qui précède, on a pu voir que ce morcellement remonte, au moins dans l'Ile-de-France, à une époque très-ancienne.

IV.

POPULATION DE BURES DEPUIS LE XVᵉ SIÈCLE.

Les registres dits aujourd'hui de l'état civil de Bures commencent, pour les naissances et les mariages avec l'année 1567, pour les décès avec l'année 1638. Néanmoins, il est possible, à l'aide de très-nombreux documents antérieurs, tels que actes de vente, censives et terriers, de se faire une idée assez juste de l'importance de la population de la paroisse, à partir du xvᵉ siècle.

En 1402, le vendeur des censives du Petit-Mesnil et de Launai, dans un acte très-soigneusement fait, énumérait quarante-deux maisons dont il nomme les habitants, et quatre autres maisons abandonnées par les précédents possesseurs. Les cens payés varient de 2 deniers à 8 sous parisis. Le cens moyen est de 3 sous. A raison de cinq personnes par feu, on trouve 210 habitants. Or ce groupe était égal à la moitié environ de la paroisse entière, qui aurait compté, en conséquence, de 400 à 420 paroissiens.

On a remarqué que, dès 1402, des héritages étaient délaissés. Deux de ces maisons étaient chargées de 3 sous, une troisième de 14 sous, loyer assez lourd pour le temps. Le même acte parle de terres et de vignes « à présent en gastine et en bois ». Trait non moins significatif : on a jugé bon d'indiquer les anciens tenanciers des maisons et des terres. Or, sur 52 censiviers qui exploitaient, en 1402, environ 80 parcelles, quatre seulement portent le même nom que leurs prédécesseurs. Il faut assurément tenir compte de l'introduction de nouveaux noms par les gendres et les collatéraux ; mais la proportion n'en reste pas moins minime et cette mutation de noms est l'indice de grands bouleversements dans ces modestes situations de laboureurs.

Le même phénomène se reproduit cent ans plus tard. Nous possédons à partir de 1470 tous les baux à cens par lesquels les seigneurs, — soit les Sanguin, soit les Boucher, — concédèrent à nouveau leurs domaines. Nous avons également des censiers de 1510, et des terriers de 1520 et de 1527 [1]. On n'y retrouve que deux des noms de famille cités dans l'acte de 1402. Entre cette dernière époque et l'an 1450, la population de Bures paraît avoir été, pour ainsi dire, renouvelée. Il semble aussi qu'elle diminua. En 1527, on ne comptait plus sur le fief du Petit-Mesnil que 19 maisons. Il y en avait quatre ou cinq à Launai, total 23 ou 24 maisons, au lieu de 42, en 1402. D'après un relevé, le nombre de feux, vers 1527, était de 45 à 50 environ, en y comprenant les châteaux de Bures et de Montjai. L'exploitation du sol était livrée à 52 censiviers, qui avaient pris depuis trois jusqu'à douze arpents. D'après ces données, on devrait évaluer à environ 260 habitants la population de Bures, vers le commencement du xvie siècle ; mais elle tendit bientôt à se réformer et à s'accroître.

Cette période est celle de la constitution de grandes familles, dont les descendants restèrent unis, habitèrent les uns près des autres, bâtissant leurs maisons sur une cour commune. Les Roy ou Le Roy fondèrent le Rhéaume ou Royaume, les Guyon Delorme la Guyonnerie, les Josset la Jossettérie, les Lefebvre la Febvrie, les Fouquet la Fouqueterie. Le Grand-Mesnil fut occupé par la famille Hérisson. Les Roger, les Jubin, les Semit, les Bremond constituèrent des fortunes patrimoniales, que la loi du partage ne divisait pas moins que de nos jours, mais que la loi du travail reconstituait sous le nom de leurs descendants.

Les registres des mariages et des baptêmes commencent avec les années 1567, 1568.

---

1. 1510, censier de Bures. — 1520, terrier de Bures. — 1527, terrier du Petit-Mesnil.

En voici le tableau résumé[1] :

	Baptêmes	Mariages		Baptêmes	Mariages
1567	9	—	1577	12	5
1568	5	6	1578	12	1
1569	} 18	4	1579	20	7
1570		4	1580	16	7
1571	4	6	1581	16	5
1572	13	8	1582	17	4
1573	11	4	1583	20	4
1574	8	2	1584	10	4
1575	13	2	1585	23	2
1576	9	1	1586	18	2

L'établissement des moyennes donne pour la période de 1567 à 1576 9 naissances par an, pour la période de 1577 à 1586 16 naissances.

Le rapport actuel du chiffre des naissances à celui de la population est de 3 pour 100; mais, suivant l'opinion générale, la fécondité était autrefois plus grande qu'aujourd'hui. Si on prend le rapport de 4 naissances par cent personnes, on trouvera que Bures possédait, à la fin du XVIe siècle, environ 350 habitants.

On remarque une diminution du nombre des naissances pendant la période des troubles de la Ligue.

	Baptêmes	Mariages[2]		Baptêmes	Mariages
1587	9	1	1592	6	—
1588	13	7	1593	3	—
1589	6	—	1594	4	—
1590	3	—	1595	1	—
1591	10	—	1596	9	—

La moyenne des naissances est de 6 à 7 par an.

En somme, ces actes nous montrent une population croissante,

---

1. La rédaction des actes est sommaire. Ils mentionnent le nom du baptisé, ceux de ses père et mère, de ses parrains et marraines. Les garçons ont deux parrains dont l'un nomme; les filles deux marraines, dont l'une nomme. Nulle signature; pas même celle du curé. L'archidiacre de Josas surveillait la tenue des registres, mais n'y apposait pas son visa. — A ce propos, citons un fait singulier. La naissance de Jean Bourdesolle, enfant de P. Bourdesolle, est inscrite à la date du 5 mars 1575 : on lit, en marge de l'acte : « Reporté au 22 juillet ensuivant, en présence de l'archidiacre de Fontenay, *proscriba* » (registre n° I, p. 24). P. Bourdesolle a approuvé le renvoi.

2. Les actes des mariages manquent pour plusieurs années; les actes des baptêmes pour les années 1593, 1594, 1595, paraissent avoir été recopiés.

phénomène assez remarquable, au milieu des dures années qui signalèrent la seconde moitié du xvi⁰ siècle. A l'époque qui nous occupe, la seigneurie de Bures appartient aux Sanguin et à Anne de Pisseleu, qui vivent peu ou point dans leurs terres. En revanche, plusieurs familles de bourgeoisie parisienne, de noblesse campagnarde, de noblesse de robe, y étaient installées. Tout indique l'existence des meilleurs rapports entre elles et la population. En quatre ans, les du Boile sont parrains trois fois. Les de Valles nomment également les enfants des laboureurs de Montjai. Les sieurs de Launai prenaient en six ans charge de cinq ou six filleuls et filleules. Tristan de Moulineaux, fils de Guillaume de Moulineaux, écuyer, sieur d'Arpenty, a pour marraine une paysanne de Bures, Claude Dupuys. Plus tard, ce même Tristan épousera une Josset et vivra dans la Jossetterie avec ses beaux-frères laboureurs.

Sous le règne réparateur de Henri IV, un mouvement ascensionnel se produit.

	Baptêmes		Baptêmes		Baptêmes		Baptêmes
1597	3	1601	18	1605	8	1608	19
1598	6	1602	11	1606	15	1609	18
1599	12	1603	15	1607	16	1610	14
1600	12	1604	21				

Moyenne des naissances : 12,7 par an.

	Baptêmes		Baptêmes		Baptêmes		Baptêmes
1611	14	1619	8	1627	7	1634	12
1612	11	1620	12	1628	15	1635[1]	16
1613	13	1621	13	1629	13	1636	10
1614	14	1622	5	1630	17	1637	17
1615	10	1623	7	1631	8	1638	22
1616	9	1624	7	1632	10	1639	10
1617	21	1625	12	1633	13	1640	16
1618	6	1626	9				

Moyenne des naissances pour cette période de trente ans, 12 naissances par an.

Cette période de 1599 à 1640 paraît correspondre au plus grand degré de prospérité atteint par la paroisse de Bures. Pour noter l'impression laissée par la lecture de ces actes, il faut dire qu'ils donnent, comme précédemment, l'idée d'une vie régulière et d'une

---

1. Le 2⁰ registre est incomplet. Les naissances pour l'année 1635 cessent d'être relevées à partir d'octobre. Même observation pour l'année 1636.

heureuse union entre tous les habitants. Les familles de Chaulnes, de Valles et de Miraulmont et en général toutes les familles nobles ou bourgeoises, ayant maison ou château à Bures, continuent de devenir les patronnes d'un bon nombre des enfants du pays. Tous ces enfants naissent de mariages contractés entre gens de paroisses voisines, Gometz, Gif, Villiers-le-Bacle, Orsai. En 87 ans, les registres ne signalent que deux baptêmes d'enfants naturels [1].

A partir de l'année 1641, il est possible de donner un relevé du chiffre des naissances, mariages et décès.

	Naissances	Mariages	Décès		Naissances	Mariages	Décès
1641	8	1	6	1658	17	2	2
1642	14	4	9	1659	14	3	7
1643	13	3	9	1660	11	4	11
1644	14	—	8	1661	11	1	26 [3]
1645	7	4	9	1662	10	4	14
1646	13	1	6	1663	6	7	1
1647	17	1	4	1664 [4]	13	2	6
1648	12	3	—	1665	8	3	5
1649	12	2	2	1666	13	2	8
1650	9	4	8	1667	7	3	1
1651	8	3	6	1668	10	6	7
1652	11	2	1	1669	18	—	8
1653	5	3	24 [2]	1670	8	4	16
1654	10	5	—	1671	9	2	6
1655	14	2	2	1672	20	2	10
1656	12	1	1	1673	10	4	6
1657	7	6	21	1674	16	3	13

1. Le premier est très mystérieux : « Le troysième jour d'octobre (1576) a esté baptizée une fille appartenant à la justice de Saint-Clère et estoient presents Me Garnier, procureur, et Philippe Le Pescheur, lieutenant ; la mère de l'enfant Jehanne Seryt, fille de Mathurin Seryt, et parrain Anthoine Poirier ; la marraine Denyse Girod, qui a nommé l'enfant Denyse ; l'aultre marraine Jehanne Gillain » (reg. I, p. 38). — Le 11 avril 1583 une femme présente un enfant et, « sur commandement de justice, respond que ce estoit ung enfant trouvé et que la mère de l'enfant a nom Nouelle Hardelier, ainsi comme est le bruit, ne sçait de quelle paroisse est la mère. Les parrains G. Pijard et Jehan Rouget ; la marraine Catherine Herisson qui a nommé l'enfant » (reg. I, p. 49).

2. 6 décès en septembre, 5 en octobre, 7 en novembre, 3 en décembre.

3. Cinq noms de décédés (5 septembre à 14 octobre), marqués d'un P.

4. « Nous ordonnons que M. le curé mettra dorénavant les noms, surnoms, qualitez et demeures des parents et amis des mariés, et iceux faire signer s'ils le scavent. Du Tillet. » (1er septembre 1664.)

	Naissances	Mariages	Décès		Naissances	Mariages	Décès
1675 [1]	10	2	14	1688	11	4	15
1676	13	2	15	1689	8	8	19
1677	15	1	16	1690	14	5	24
1678	10	2	12	1691	13	4	18
1679	14	2	18	1692	13	—	15
1680	12	1	27	1693	28	3	32
1681	10	6	21	1694	11	2	18
1682	18	1	12	1695	11	7	14
1683	11	2	23	1696	15	2	13
1684	11	2	21	1697	13	3	15
1685	6	8	7	1698	16	4	12
1686	17	5	8	1699	20	1	14
1687	9	5	13	1700	24	3	19

Le lecteur nous pardonnera la sécheresse de cette statistique, s'il songe au parti à en tirer lorsque l'on pourra la rapprocher de travaux semblables. Dès maintenant, nous signalerons un fait qui nous a frappé lorsque nous étudiions nos registres. Le nombre des décès nous paraissait excessif. En recherchant la cause, nous avons constaté qu'elle était due à la mortalité qui déjà sévissait sur les enfants mis en nourrice. Les curés indiquaient toujours que le petit enfant décédé était un nourrisson et que ses parents habitaient la ville. En 1664, on compte 4 décès de ce genre; en 1680, 5; en 1681, 4; en 1682, 2; en 1683, 2; en 1684, 3; en 1693, 5; en 1696, 4; en 1698, 3; en 1699, 6; en 1700, 4. Dans le cours des autres années, on en relève de 1 à 2. Assurément, la mort frappe trop souvent les enfants, même dans les bras des mères; il nous a cependant paru qu'il y avait là un fait à signaler aux observateurs. Nous y joindrons ce détail : l'enfant est toujours enterré en présence du père nourrissier seul. C'est vraisemblablement parce qu'il était mort sans que sa famille eût été prévenue.

Relevons encore les chiffres du mouvement de la population dans les trente premières années du XVIIIe siècle.

	Naissances	Mariages	Décès		Naissances	Mariages	Décès
1700	24	3	19	1704	18	4	28
1701	18	3	30	1705	18	3	14
1702	21	3	8	1706	17	4	4
1703	19	6	19	1707	19	2	13

1. A partir de l'année 1675 les actes de baptêmes, de mariages, de décès sont inscrits à la suite les uns des autres sur le même registre.

	Naissances	Mariages	Décès		Naissances	Mariages	Décès
1708	20	2	28	1719	13	5	11
1709	16	2	27	1720	12	1	12
1710	10	11	28	1721	18	5	15
1711	8	2	23	1722	17	4	13
1712	12	3	17	1723	14	5	14
1713	8	2	9	1724	18	2	15
1714	14	1	9	1725	26	3	24
1715	5	2	9	1726	11	3	8
1716	17	5	4	1727	11	2	21
1717	13	3	4	1728	17	2	16
1718	10	2	10	1729	17	5	22

Moyennes des naissances :

de 1700 à 1709   20 naissances par an.
     1710 à 1719   11   —
     1720 à 1729   16   —

Nous n'avons à citer en dehors de nos registres qu'un très-petit nombre de documents.

En 1709, on comptait à Bures 58 feux [1]. En 1726, le *Dictionnaire universel de la France* évaluait notre population à 209 habitants [2]. En 1745, Doisy n'y marquait plus que 51 feux [3].

En 1782, le représentant de M. Le Paige dressa un état assurément exact : « Bures, 23 feux ; Montjai, 18 ; Ménil, 11 ; Launai, 5 ; la Guionnerie, 6 ; le Riaume, 3 ; la Hacquinière, 1 ; en tout 67. Plus 4 maisons bourgeoises : Grand-Mesnil, Monjai, Launai, la Maison-Blanche. Total 71 ».

Il n'est pas probable que la population ait, de 1745 à 1782, augmenté de cinq douzièmes ; il faut donc tenir que les données des dictionnaires n'étaient pas vraies [4].

Comme élément de comparaison, nous transcrirons les résultats du dépouillement des registres de l'état-civil des dix années qui ont précédé la Révolution et des douze dernières années avant 1873.

---

1. Lebeuf, *Hist. du diocèse et de la ville de Paris*, t. VII, p. 112.
2. *Dictionnaire universel de la France*, t. I, p. 509, v° Bures.
3. *Le royaume de France et les États de Lorraine*, p. 352.
4. Voir dans l'*Encyclopédie* (v° Population) ce que Lalande rapporte des difficultés qu'on trouvait alors à obtenir des renseignements statistiques. Les curés eux-mêmes se refusaient à en donner de peur de les voir servir à des augmentations d'impôts. Il ne faudrait pas beaucoup chercher pour trouver encore aujourd'hui ce sentiment de défiance.

	Naissances	Mariages	Décès			Naissances	Mariages	Décès
1780	14	2	8		1786	13	2	7
1781	12	2	10		1787	10	3	6
1782	19	3	31		1788	9	1	11
1783	9	2	31		1789	8	4	5
1784	11	1	10		1790	13	3	11
1785	10	2	8					

Le chiffre moyen des naissances est de 11 7/11 par an.

	Naissances	Mariages	Décès			Naissances	Mariages	Décès
1863	12	4	20		1869	13	2	7
1864	10	7	10		1870	12	—	6
1865	15	2	5		1871	6	3	17
1866	8	7	14		1872	2	4	7
1867	11	8	8		1873	9	6	7
1868	11	2	15		1874	13	5	6

La moyenne des naissances est de 10 7/11 par an.

Aujourd'hui la population de Bures est évaluée à 390 habitants.

Nous avons vu qu'en 1782 on comptait dans la localité 71 feux.

En 1808, les relevés du cadastre donnent 98 maisons.

En 1874, on n'en compte que 93.

En résumé, il semble qu'au commencement du xviiᵉ siècle la population de Bures n'était pas sensiblement moins nombreuse qu'aujourd'hui. Elle est d'ailleurs en rapport avec l'étendue du territoire de la commune, qui est d'environ 600 hectares. On y trouve, en effet, 66 habitants par kilomètre carré. Le chiffre moyen, pour la France, est de 70 habitants pour la même superficie.

V.

L'ÉGLISE, L'ÉCOLE.

L'ÉGLISE DE BURES.

On ne peut douter de l'antique fondation de la paroisse qui faisait partie de l'archidiaconé de Josas, doyenné de Châteaufort [1]. Les piliers de la tour de l'église actuelle datent du xiiᵉ siècle. Le reste est de beaucoup plus moderne. C'est, dit une tradition

---

1. *Cartul. de N.-D. de Paris*, iv, 461.

ancienne, au cardinal Sanguin que l'on doit cette construction, dénuée de style. Pour n'en pas faire reproche à l'homme qui sut se faire élever de beaux palais, il faut se remettre en mémoire ce que les voûtes de la plus modeste église ont abrité de joies, de consolations et d'espérances.

Les Sanguin n'aimaient pas Bures; mais Jean de Chaulnes y avait vu mourir son père et naître ses enfants. Il affectionna cette église où avait été baptisé son fils aîné, où reposaient son père Antoine et sa mère Françoise. D'accord avec ses frères et ses sœurs, il fit élever à la mémoire de ces ancêtres de leur maison un tombeau magnifique. Les défunts y étaient représentés en grandeur naturelle, à genoux, les mains jointes. Antoine de Chaulnes était revêtu de son armure. Sa femme, à la mode du temps, portait une robe d'étoffe brochée. Ces statues de pierre étaient supportées par un mausolée de même nature, qui, sur un côté portait un A et un C, sur l'autre un F et un A enlacés.

« Au bas :

Consorte vitæ, imo vita ipsamet mea. . . . .

. . . .

. . . .

Francisca sum Arnalta, Avarico Biturigum oriunda, quæ Parisiis ultima fato concessi, anno ætatis 37, primi mensis 1585[1].

« Au-dessous du mari :

DEO MAXUMO.

Antonio DE CHAULNES, Ærarii bellici abstinentissimo et Censori æquissimo, plurimarum aliarum dignitatum tractatione clarissimo, viro civique optimo, qui talem potius esse quam dici aut videri semper tenacissimè studuit, uxore castissima, VII ingenuis liberis, amicorum multitudine, et re benè parta felicissimo, ipsi liberi, propter orbitatem infelicissimi, PP. Obiit XX Octobris 1593, præteriens annos LV[2].

---

1. Compagne de ma vie, ou plutôt ma vie même. . . . .
Je suis Françoise Arnault, née à Bourges, décédée à Paris, en janvier 1585, en ma 37e année.

2. A Dieu Tout-Puissant. — A Antoine de Chaulnes, très-intègre et très-juste trésorier des guerres, très-distingué dans l'accomplissement de plusieurs autres fonctions, homme et citoyen excellent, s'étant appliqué avec persistance plutôt à être tel qu'à faire montre et bruit de l'être, très-heureux par une épouse fidèle, par sept enfants bien doués, par un grand nombre d'amis, par une fortune bien acquise, [ce monument a été élevé par] ses

« En face de ces deux personnes est attachée au pilier du chœur
« une plaque de cuivre contenant seize vers français composés
« par Jean Arnault, frère de la défunte, ainsi qu'il est marqué
« au bas. Cet Antoine de Chaulnes étoit natif d'Auxerre. L'Epi-
« taphe de ses ancêtres s'y lit encore sur le vitrage d'une chapelle
« de la paroisse de Saint-Eusèbe [1]. »

Quant à la place occupée par ce tombeau, nous donnerons, à
titre de renseignement, l'extrait de la pièce suivante :

« Nous, soussigné de Chaulnes, seigneur de Bures et commis-
« saire général de la Cavalerie de France, confessons avoir permis
« cejourdhuy à messire Jerosme Thibaut, seigneur de Beaurain,
« conseiller du Roy en ses conseils, maistre ord[re] en sa Chambre
« des Comptes, nostre cousin, et à dame Françoise Briçonnet,
« son épouse, d'avoir à plasser (*sic*) un banc fermé dans l'Église
« et paroisse dudit Bures, pour vacquer à leurs dévotions, quand
« bon leur semblera, lequel banc ils feront plasser dans le chœur,
« au pillier qui est proche le tombeau de nos aieulx, en telle
« sorte qu'il n'outrepasse ledit tombeau. »

(Acte du 15 octobre 1656.)

A l'époque révolutionnaire, ce monument, dont la beauté jetait
une parure sur la nudité de l'église, fut détruit, et il n'en reste
plus que quelques morceaux, qui servent de bancs sur la place
de Bures, et un fragment conservé dans la sacristie.

Plusieurs belles pierres tombales ornaient le sol de l'église. Il
en subsiste deux. L'une, admirablement dessinée, représente un
laboureur du XVe siècle. Jean Brémond et sa femme, M. Breton,
dont les noms ont été cités au cours de l'histoire de Bures. Grâce
au zèle éclairé de M. le curé Grosstephan, cette pierre encastrée
dans le mur intérieur de l'église, près la porte d'entrée, échappera
à la destruction. C'était d'ailleurs une sorte de dette à acquitter
envers un bienfaiteur. Les biens donnés ont été repris; la
reconnaissance n'en doit pas moins subsister. Par le même
sentiment, il serait juste de rentrer la pierre de Marie du
Lif, veuve du Boile, une des premières dames de la *Maison-
Blanche*, et une autre pierre plus effacée, que je suppose avoir
recouvert le corps de Jean de Chaulnes. Il y a eu un grand

---

enfants, très-malheureux d'avoir perdu leurs parents. Il mourut le 20 octobre 1593, âgé de 55 ans accomplis.

1. Lebeuf, *Hist. du dioc. de Paris*, t. VIII, p. 113.

nombre d'autres pierres, les registres des décès en font foi. Tous les rangs de la société se confondaient dans cette terre sainte de l'église. C'est ainsi que Madame de Chaulnes fit inhumer au pied du tombeau de ses ancêtres le corps d'une vieille servante de la famille. On trouve beaucoup d'exemples de cas semblables.

Suivant l'antique coutume, nombre de personnes demandaient la faveur d'être inhumées dans l'église.

Nous citerons, à titre de souvenir local, les sépultures suivantes :

18 mars 1667. Claude de Chaulnes, mort à l'âge de 62 ans 6 mois, enterré dans le milieu du chœur. Reg. 3, f° 150.

31 décembre 1668. Jean Valiton, fermier de Madame de Montjai, dans la nef. Reg. 3, f° 153.

7 octobre 1669. Catherine Boutier, fille de chambre de Madame de Beaurain, dans l'église. Reg. 4, f° 46.

28 octobre 1671. Antoine Dinanceau, dans la nef, derrière la chaire, devant la porte de la chapelle Saint-Leu-Saint-Gilles.

10 avril 1677. Courtin (Philippe), garde de M. de Bures, inh. sous les cloches.

30 septembre 1679. Jean Vincenot, mort à l'âge de 78 ans, après avoir été 35 ans bedeau, inh. dans la nef. Reg. 6, f° 12.

19 août 1680. Claire Codoré, veuve Dinanceau, inh. dans la nef, devant la chapelle Saint-Leu-Saint-Gilles.

9 février 1688. Jean Tardif, garçon meunier, dans la nef, devant N.-D. de Pitié. Reg. 6, f° 69.

5 janvier 1689. Jeanne Courtin, fille de chambre de Madame de Bures, dans la nef, devant la chapelle de la Sainte-Vierge. Reg. 6, f° 153.

12 octobre 1690. Jacques d'Horgeron, âgé de 53 ans environ, Mᵉ tapissier et bourgeois de Paris, décédé en sa maison de Launoi, âgé de 53 ans. Reg. 6, f° 182 [1].

11 janvier 1699. Est décédée noble dame Geneviève Courtin, âgée d'environ 70 ans, femme de messire Louis de Chaulnes, chevallier, seigneur de Bures, cy-devant commissaire de la cavalerie légère et le lendemain fut fait son service, et transportée le

---

1. 30 mars 1693. Elisabeth Boëte, âgée de 8 ans. On n'a inhumé que la tête avec une côte et quelques intestins, le reste ayant été mangé par des fauves, dans les bois de Montjai. Reg. 7, f° 19.

Le 3 janvier 1638, Bonaventure Landays avait succombé sous les morsures d'un loup *enragé* (sic). Reg. 3, f° 113.

vendredi à Paris, pour estre enterrée dans la chapelle de ses ancestres, en l'église paroissiale de Saint-Severin, chapelle du Grand Crucifix, où moy prestre et curé soussigné l'ayt conduit. Reg. 7, f° 54.

25 septembre 1701. Vénérable et discrette personne, Michel Hadancourt, curé de Bures, pendant 36 ans, sous la tombe plus proche du sanctuaire. Reg. 7, f° 122.

23 janvier 1702. Louis de Chaulnes, conseiller du Roy, cy-devant commissaire de la cavalerie légère, chevallier, seigneur de Bures, âgé de 87 ans et 17 jours, après quatre mois de maladie, inhumé dans le milieu de la chapelle de la Sainte-Vierge. Reg. 7, f° 128.

16 décembre 1703. « Jean-Baptiste Delafons de Caumanchon, fils de M. Delafons de Caumanchon, conseiller, procureur géné-ral en la Cour des Monnaies, inhumé dans la chapelle Saint-Leu. » Reg. 7, f° 153 [1].

2 novembre 1710. Pierre de Valles, chevalier, seigneur de Montjai, âgé de 62 ans, décédé subitement au château de Montjai, inhumé dans la chapelle Saint-Leu-Saint-Gilles. Reg. 7, f° 251.

11 février 1722. Marin Lesage, curé de Bures, âgé de 68 ans, inhumé dans le cimetière.

A partir de ce moment, les inhumations dans l'église sont moins nombreuses.

2 août 1767. Philippe-Fr. Liancourt, vicaire de Bures, inhumé dans le cimetière. Reg. 10, f° 31.

15 août 1778. André Brochant du Breuil, chevalier, conseiller du Roi en sa Cour de Parlement, âgé de 67 ans, inhumé dans le cimetière. Reg. 10, f° 158.

21 septembre 1782. Fr. Charrier, curé de Bures, décédé à l'âge de 96 ans et 9 mois, inhumé dans le chœur. Reg. 10, f° 202 [2].

2 novembre 1786. Jean James, prêtre de la paroisse du Mesnil-

---

1. 11 mai 1709. Jérôme Renaudeau, âgé de 10 ans et demi, accablé et noyé sous l'arche de communication de la cour et basse-cour de M. Delafons, tombée par le grand débordement des eaux (du Vaularron). Reg. 7, f° 229.

2. Moins de quinze jours après cet acte, on en trouve un autre qu'il est bon de citer. 5 octobre 1782, Antoinette Décousu, gouvernante de défunt mes-sire Charrier, ancien curé de cette paroisse, décédée en la maison pres-bytérale, âgée d'environ 66 ans et demi. Reg. 10, f° 209. Antoinette Décousu a dû être une bonne domestique.

Brault, diocèse de Coutances, curé de Bures, inhumé dans le cimetière, au pied de la croix.

A côté de la mort, plaçons la vie :

9 mars 1578. « Le neuviesme jour du moys de mars, a esté baptizé ung fils appartenant à Robert Le Françoys, escuyer, s^r de Laulnay, et damoiselle Marie du Chesnay, sa femme, et a esté nommé Pierre par noble homme Pierre de Valles. L'aultre parrain Noël de Balsac ; la marraine Ysabel Asselin, par moy soubzsigné.

3 mars 1580. Acte de naissance de Tristan Moullineaux, fils de Guillaume Moullygneaux (sic), s^r de Launay, et de Margueritte Desnoyers, sa femme ; parrain, Tristan Moullineaux et Robert Le Françoys : marraine, Claude Dupuys.

29 may 1580. Acte de naissance de Jerome Foucault ; parrain, G. de Moulligneaux, escuyer, s^r d'Arpenty et de Launai.

1581. Jehanne Landoys, fille de Bernard Landoys, fermier ; parrain, Jehan Foucault et Pierre Desnoyers ; marraine, Geneviève de Valles.

« Le dimanche, v^e jour de septembre 1604, fut baptizé Claude de Chosnes, fils de noble homme Jehan de Chosnes, s^r de Burres, et de noble demoiselle Margueritte Perrot, et lui a donné le nom noble homme Philippe Perrot, s^r de la Mallemaison, conseiller du Roy en sa Cour de Parlement, et la marraine, damoiselle Marthe de Miraumont. »

27 septembre 1606, « a esté baptizé (sic) Pierre de Cholle, fils de Jehan Deschole, escuyer, s^r de Bures, et de Marguerite Perot. Parrain, P. de Valles, escuier, s^r du Grand-Mesnil, l'un des chaufecires du grand sceau héréditaire des chancelliers de France ; marraine, damoiselle Claude Canet, demeurant à Paris. »

Il s'agit ici de Jean de Chaulnes, et de sa sœur Claude de Canaye.

21 juillet 1651. Marc Valiton, fils de Jean Valiton et de Catherine Cochon, tenu sur les saints fonds du baptême par Marc de Ceizay, s^r de Messigny, escuyer ordinaire du Roy servant sa personne et maistre d'hostel de la maison du Roy ; marraine, dame Françoise Noblet, femme de Pierre de Valles, escuyer, conseiller du Roy, etc.

L'église est placée sous l'invocation de saint Mathieu. Elle était à la collation de l'évêque.

On a vu dans les pages précédentes qu'il y existait plusieurs chapelles, l'une dédiée à la Notre-Dame de Pitié [1], l'autre à Saint-Leu-Saint-Gilles. On cite encore une chapelle Saint-Nicolas. Saint Leu (*sanctus Lupus Trecensis*) est encore aujourd'hui honoré d'un culte spécial. Le 1er septembre, on amène à Bures un grand nombre de petits enfants.

L'ordre pour la reddition du pain bénit a été constaté au xviiie siècle. Il était rendu : par le seigneur de Bures, le 1er janvier; — par le seigneur de Montjai, le jour de l'Assomption ; — par le seigneur du Grand-Mesnil, le jour saint Mathieu ; — par le seigneur du fief Beaurain (la Maison Blanche), le jour de la Toussaint.

La distribution avait lieu dans le même ordre.

Nous avons soigneusement recueilli les noms des curés de la paroisse que nous ont révélés les anciens actes.

1485 Martial Chassaigne.

1492 Guillaume Guychoux.

1579 Grymoult.

1582 Samoyau, vicaire.

1583 Robelot.

1602 Morin.

1638 L. André, † 1664.

1664 Hadancourt, † 25 septembre 1701.

1710 M. Moulinier.

1713 M. Lesage, † 11 février 1722.

1722 F. Charrier, † 21 septembre 1782.

1782 J. James, † 2 novembre 1783.

1783 Berthe, promu en 1791 grand vicaire de Versailles.

1811 Carouge.   1813

1820 Sapiani.   1822
1828 Bainvel.   1832
1832 Palémon.   1833
1833 Gautier, curé d'Orsai, desservant Bures jusqu'à 1844
1844 Quéno.   1846
1846 Hocquet.   1847
1847 Marion.   1852

---

1. Dans un titre de 1402, on trouve que le *luminaire* de N.-D. de Bures était doté d'un fonds sis au Petit-Mesnil.

1852 Lejeune.	1855
1855 Rychmans.	1856
1856 Dabo.	1863
1863 Grosstephan.	1874
1874 Finot [1].	

L'église de Bures possédait 4 cloches. Il ne reste que la plus forte, donnée par M. Rouillé. Une inscription rappelle la date de la donation [2].

Le mobilier de l'église ne mérite pas de mention. Aujourd'hui, toutefois, on remarque un tableau attribué au Titien, don de la famille Flury [2].

La paroisse était desservie par un curé et un vicaire. Elle était richement dotée, surtout en terres et en prés.

En 1764, le revenu des terres était de 370 livres 4 sous. — Voici la composition du même revenu en 1766 :

6		arpents loués à Bosselet		96^{lt} 11^s 9^d
5 1/2	—	— à Arnault		84 19 6
2	—	— à Sevé		30 18 »
2	—	— à Dinanceau		34 15 3
2	—	— à Largemain		30 18 »
1 1/2	—	— à Melé		23 3 6
4	—	— à Henriot		43 »» »
» 3/4	—	— à Agassant		26 »» »
» 1/3	—	— à Teston		24 »» »
24 arp. 1/3				394^{lt} 3^s 9^d

1. Nous devons la communication de la liste des curés de Bures, depuis 1811, à l'obligeance de monsieur l'abbé Finot.

2. Il y avait, à Bures, antérieurement à 1793, quatre cloches et deux tinterelles.

Il ne reste plus qu'une cloche, qui est la plus grosse de celles qui existaient alors. Elle a 75 centimètres de hauteur sur 90 centimètres de diamètre.

A l'extérieur, dans le haut de la cloche, se lit ce qui suit :

« L'an 1756 j'ai été bénite par maître François Charrier, prêtre-curé de
« Bures, maître ès-arts en l'Université de Paris, et nommée Marie-Louise
« par très-haut et très-puissant seigneur Antoine-Louis Rouillé, seigneur
« patron de Jouy-en-Josas, seigneur des Loges-en-Josas, de Bures et autres
« lieux, ministre et secrétaire d'Etat, ayant le département des Affaires
« Étrangères, grand trésorier et commandeur de l'ordre du Saint-Esprit,

En 1789, ce revenu dépassait 550 livres.

Il y avait pour la paroisse deux marguilliers, l'un nommé marguillier en charge, l'autre marguillier des trépassés. Le 1ᵉʳ dimanche
de novembre ce dernier était nommé à l'issue de la messe, après
avertissement au prône, par le suffrage de tous les paroissiens,
assemblés au son de la grosse cloche [1].

Puisque nous étudions le côté infiniment petit de l'histoire,
nous devons donner place aux détails. Dans un compte-rendu
pour l'année 1768, un marguillier voulut porter en dépense la
somme de 19 livres 6 sols, que le curé refusa d'admettre, « attendu
qu'il l'a dépensée au cabaret au retour de la procession des Roga-
tions. » En 1771, l'archidiacre de Josas, tout en amnistiant le
passé, défendit de porter à l'avenir plus de 12 livres par an pour
cet objet [2].

ECOLE.

Bures a possédé une école depuis une époque assez lointaine.
En parcourant les titres du xvⁱᵉ siècle et les registres de la paroisse,
on constate que la plupart des fermiers ou simples cultivateurs
savaient lire et écrire. Toutefois, l'institution avait dû passer par
une période malheureuse, car, en 1773, madame de Révol jugea
utile de fonder une école gratuite où l'on enseignerait la lecture,
l'écriture et le calcul. C'était dès lors s'engager dans une opération
administrative fort compliquée. Enfin, les gens d'affaires de cette
dame menèrent sa résolution à bien. L'école fut dotée par Mᵐᵉ de
Révol de 200 livres de rente, par la Fabrique, de 100 livres de rente,
par le curé, M. Charrier, de deux petites maisons et d'un petit
jardin [3]. En 1781, M. Le Paige donna un billet de 500 livres,
dont la rente devait servir à l'achat de livres pour les enfants les
plus assidus à la classe et au catéchisme. M. Le Paige demandait, en
retour, des prières publiques pour Mᵐᵉ de Révol, pour M. Charrier,

---

« et par très-haute et très-puissante dame madame Marie-Catherine de
« Ruau Pallu, épouse de mon dit seigneur Rouillé. Antoine Berlan, mar-
« guillier en charge, et Mathurin Labuxière, marguillier des trépassés. —
« L. Gaudiveau et ses fils m'ont faite. »

1. Reg. 8 de l'état civil, fᵒ 156.

2. Reg. de la fabrique coté 2, fᵒ 1 et fᵒ 13.

3. Ces maisons occupaient l'emplacement de la maison de madame
Seneuse mère, en contre-bas de l'église et de l'ancien cimetière.

et pour lui après sa mort, « ce que nous avons tous accepté, dit la délibération où se trouvent ces détails, avec reconnoissance et prié M. le curé de vouloir bien remercier notre dit seigneur de ses bontés pour nous et pour nos enfans, promettant et nous obligeant remplir et faire remplir le plus exactement qu'il sera possible toutes les conditions de ladite fondation, tant que ledit billet d'emprunt aura valeur » (Délibération du 4 novembre 1781. Reg. 8, p. 158). Hélas, le billet, titre d'emprunt de la Cie des Indes (n° 43,177), existe encore à la mairie de Bures; mais, à partir de mars 1791, on cessa de payer les intérêts, signe précurseur de la perte du capital.

Le 11 mars 1793, le traitement du maître d'école fut porté de 400 à 500 livres, à la charge d'instruire *gratis* les enfants de la paroisse, d'assister le curé, excepté aux basses messes où il devra se faire remplacer par des écoliers (1er reg. des délibérations du conseil municipal, p. 173). — Le 22 germinal an II, on fixe le traitement à 1,000 livres, puis on le réduit à 900 livres en floréal de la même année (2me reg., p. 13 et 19).

En 1817, les écoles furent transportées dans l'ancien presbytère, et, en 1844, on les installa dans la nouvelle mairie.

VI.

ADMINISTRATION CIVILE ET JUDICIAIRE.

Pour la période antérieure à 1789, on a peu de faits à citer. Il n'en faudrait cependant pas conclure que la population du village fût privée de droits politiques. En 1588, Bures délégua à Paris Jean Vincent, chargé d'élire un député aux Etats-Généraux, convoqués à Blois. Vincent vota pour *M. le prévost des marchands*[1]. C'était un suffrage à deux degrés.

Quant à l'administration intérieure, on a vu que celle des biens de la paroisse, qui à cette époque constituait le plus gros des intérêts locaux, ne s'opérait pas sans le concours des notables habitants.

Au xviiie siècle, Bures faisait partie de la généralité de Paris, élection de Paris, subdélégation de Montlhéri. Les habitants avaient un syndic.

---

1. Bibl. de l'Ecole des Chartes, IIe série, II, 446.

En 1789, ils rédigèrent un cahier destiné à être soumis aux États-Généraux. Ils y protestaient contre le plan de M. de Fer relatif au détournement de l'Ivette.

Nous avons des actes très-complets depuis l'an 1402. On n'y trouve aucune trace de servitude personnelle ni de corvée, rien qui rappelle ces droits odieux, tant allégués et, en fait, rarement constatés.

Au point de vue judiciaire, le territoire de Bures présentait une particularité curieuse. Il était divisé entre deux châtellenies. La rive gauche de l'Ivette ressortissait de la châtellenie de Château-fort, la rive droite de la châtellenie de Gometz. C'est cette dernière, comme le gros du village relevait de sa juridiction, qui attira à elle toute la paroisse. Cependant, jusqu'à la Révolution on peut reconnaître la persistance de prétentions rivales. Nous en donnerons plus bas une preuve intéressante.

On se rappelle d'ailleurs que le seigneur de Bures revendiquait le droit de haute, moyenne et basse justice, droit que M. Rouillé finit par obtenir. Le seigneur de Montjai avait aussi un droit de moyenne justice sur ses hôtes ou habitants de son domaine, et, à ce titre, il nommait un *prévôt*.

Voici le réglement promulgué, à Bures, en 1770.

RÉGLEMENT GÉNÉRAL DE POLICE DE LA PRÉVOSTÉ, HAUTE, MOYENNE ET BASSE-JUSTICE DE BURES ET DÉPENDANCES,

Rendu le neuf mai mil sept cent soixante-dix.

A tous ceux qui ces présentes lettres verront : Marc Jamin, prévôt de la prévôté, haute, moyenne et basse-justice de Bures et dépendances,

Pour dame Marie-Agnès Denyert, veuve de messire Charles-François-Henri de Révol, président au parlement de Paris, dame haute, moyenne et basse-justicière de Bures, des fiefs du petit Mesnil et de l'Aunay dudit Bures, et autres lieux,

Salut ; sçavoir faisons que, à l'ouverture de l'audience, sur ce qui nous a été remontré par le procureur fiscal de cette prévosté, qu'on ne peut trop souvent renouveler les anciennes ordonnances de police aux habitans dudit lieu et dépendances, pour le maintien du bon ordre si nécessaire à faire observer, et dont les officiers sont chargés chacun dans les fonctions qui les concernent ;

et qu'ainsi il est de son devoir de nous proposer de renouveller les réglemens, pourquoi il a requis d'y pourvoir sur les conclusions qu'il a sur ce prises : ayant égard aux conclusions dudit procureur fiscal, disons que les édits, ordonnances, arrêts et réglemens de la Cour seront exécutés, et en conséquence ordonnons ce qui suit :

ARTICLE Ier.

Le procès sera fait et parfait, suivant la rigueur des ordonnances, à tous les blasphêmateurs du saint nom de Dieu, en quelques lieux et pour quelque cause que ce soit.

II.

Enjoignons à toutes les personnes de se comporter dans l'église avec la révérence et le respect dû à Dieu, qui daigne y écouter nos vœux ; défendons d'y causer et rire ou d'y amener des chiens, et de rien faire qui puisse y causer du trouble ; défendons pareillement de faire des ordures auprès de l'église et du cimetière à peine de six livres d'amende, dont les pères et mères seront responsables pour leurs enfans, et les maîtres et maîtresses pour leurs domestiques.

III.

Faisons défenses à toutes sortes de personnes de s'assembler autour de l'église et dans le cimetière, pour y jouer en aucuns temps et même pour s'y entretenir pendant le service divin ou pendant les prônes et catéchismes, à peine de six livres d'amende comme dessus.

IV.

Les stalles et bancs qui sont dans le chœur de l'église ne pourront être occupés que par les officiers de cette seigneurie, après le clergé, et par ceux des habitans qui au jugement de Monsieur le curé seront capables d'aider au service divin en chantant ou autrement, et s'y présenteront en habit décent et convenable de chacun d'eux.

V.

Ordonnons que les marguilliers de la fabrique et confrairies, et tous ceux qui gèrent et manient les deniers de l'église paroissiale de Bures, seront tenus de rendre leur compte en présence de M. le curé, du procureur fiscal et des anciens marguilliers dans six mois au plus tard, à compter du jour qu'ils seront sortis de charge ; et pour ceux qui en sont sortis depuis du temps et n'ont point encore rendu leur compte, ils seront tenus de le rendre dans un mois du jour de la publication de ces présentes. Il en sera de même de tous les reliquataires de comptes envers l'œuvre et fabrique dudit Bures ; sinon ils y seront contraints même par corps, à la requête du marguillier en charge, et à son refus et défaut à celle du procureur fiscal, ce qui s'observera à l'avenir en pareil cas.

VI.

Nous défendons toutes danses publiques dans toute l'étendue de cette dite terre et seigneurie, surtout les jours de dimanches et fêtes, à cause des désordres qui s'ensuivent, comme une malheureuse expérience nous l'apprend que trop, à peine six livres d'amende.

VII.

Faisons défenses auxdits cabaretiers dudit lieu de Bures, de tenir leurs cabarets ouverts les dimanches et les fêtes pendant le service divin, et en aucun temps, passé neuf heures du soir, depuis Pâques jusqu'à la Toussaint, et depuis la Toussaint jusqu'à Pâques jusqu'à huit heures aussi du soir, le tout à peine de six livres d'amende contre chacun des buveurs, et de pareille somme contre les cabaretiers ou autres [1] ; et si les buveurs sont des enfans de famille et s'ils jouent aux cartes et autres jeux défendus, ils seront pareillement condamnés en chacun six livres d'amende pour la première fois, et même de plus forte en cas de récidive et de fermeture du cabaret. Permettons seulement aux cabaretiers de livrer, pour les habitans dudit lieu, dans ledit temps défendu, du vin à pot et à pinte pour boire chez eux, et aux étrangers et voyageurs à la porte seulement de leur cabaret un demi septier de vin.

VIII.

Faisons défenses auxdits cabaretiers de laisser chez eux aucunes personnes prises de vin, et de donner du vin à ceux qu'ils verront se prendre de vin chez eux ; leur enjoignons de les chasser pour éviter les bruits, scandales et batteries, comme il arrive ordinairement en pareil cas, le tout à peine de dix livres d'amende pour la première fois et de plus grande peine en cas de récidive.

IX.

Faisons défenses à qui que ce soit, excepté les meûniers, bou-

---

1. Cette disposition fut reproduite par la municipalité de Bures dans son arrêté du 29 juillet 1790, art. 2.

langers et autres dont le métier concerne les choses nécessaires à
la vie, de travailler les jours de dimanches et fêtes principales,
sans la permission de Monsieur le curé et du procureur fiscal [1],
qui jugeront si les raisons qu'on alléguera seront valables et légi-
times, sous peine de trois livres d'amende pour la première fois,
et sous peine de confiscation des voitures, chevaux et outils, en
cas de récidive.

X.

Enjoignons à toutes personnes, demeurantes dans l'étendue de
cette prévôté, de louer ou de souffrir aucunes personnes de mauvaise vie, et aux cabaretiers de souffrir aucunes personnes étrangères plus de trois heures chez eux; leur enjoignons aussi s'il s'en
trouvoit dans l'un et l'autre cas, d'en informer aussi-tôt le procureur fiscal, afin qu'elles soient chassées et mises hors dudit lieu,
à peine de six livres d'amende.

XI.

Enjoignons à toutes femmes veuves et filles qui se trouveront
enceintes, de déclarer leur grossesse dans les trois premiers mois
d'icelles, conformément à l'édit du roi Henri II, et sous les
peines y portées, et à M. le curé ou son vicaire de publier à
son prône ledit édit de trois mois en trois mois, conformément à
icelui.

XII.

Toutes personnes qui voudront s'établir dans l'étendue de cette
prévôté, seront tenues de nous apporter préalablement, et au sieur
curé de ce lieu, une attestation en bonne forme des curés et juges
des lieux qu'ils quitteront, portant qu'elles sont de bonne vie et
mœurs; défendons à tous propriétaires et locataires de louer ou
sous-louer aucune maison ou portion de maison dans cette prévôté à des étrangers, sans notre permission ou celle du procureur
fiscal, à peine de dix livres d'amende pour la première fois, et de
plus grande peine en cas de récidive.

XIII.

Faisons défense à toutes personnes, tant marchands que cabaretiers et autres, de vendre à faux poids et à fausse mesure, à
peine d'être poursuivis extraordinairement, suivant la rigueur
des ordonnances; et le procureur fiscal sera tenu de visiter si les
poids et mesures sont en état et justes.

---

1. Reproduit dans l'arrêté de la municipalité de Bures, en date du
25 juillet 1790, art. 1er. (Reg. I, p. 57.)

XIV.

Enjoignons à toutes personnes demeurantes dans l'étendue de cette prévôté de tenir à l'attache leurs chiens, lorsqu'ils sont mauvais, en sorte qu'ils ne puissent mordre ni nuire à personne, sous peine de trois livres d'amende.

XV.

Défendons à toutes personnes de chasser avec chiens ou sans chiens, avec armes ou sans armes, de quelque manière que ce puisse être, ni de pêcher dans la rivière sans une permission expresse de Mad. de ce lieu, donnée par écrit; défendons aussi de mener des chiens dans les bois et sur les terres de cette prévôté, qu'ils n'aient pendu au col un billot tel qu'ils ne puissent courir sur le gibier, de tendre des collets, piéges, panneaux, bricolles, filets, pentieres ou autres instrumens semblables; d'entrer dans les bois de jour ou de nuit, sous quelque prétexte que ce soit, ni d'y conduire ou faire conduire leurs bestiaux de quelque nature qu'ils puissent être, sous les peines portées par l'ordonnance des eaux et forêts; de porter ni allumer du feu dans les bois ou près desdits bois, pour quelques raisons que ce puisse être, sous les peines portées par l'ordonnance des eaux et forêts.

XVI.

Afin que l'eau de la fontaine dudit Bures soit salubre et n'incommode point les habitans dudit Bures, enjoignons auxdits habitans de curer et nettoyer ladite fontaine au moins tous les ans, à peine de quarante sols d'amende contre chacun desdits habitans.

XVII.

Toutes les amendes portées dans le présent réglement et qui pourront être prononcées en conséquence, seront applicables, un tiers aux dénonciateurs, un tiers aux pauvres de cette seigneurie, et l'autre et dernier tiers au domaine de cette seigneurie.

XVIII.

Enjoignons aux huissiers et gardes de cette prévôté, terre et seigneurie de Bures, de tenir la main à l'exécution du présent réglement, chacun en ce qui le concerne, à peine d'en répondre en leur propre et privé nom, et de nous en donner avis même d'en dresser les procés-verbaux; comme aussi à tous habitans et particuliers nos justiciables de prêter main forte quand ils en seront requis.

Et sera notre présente ordonnance lue, publiée et affichée

partout où besoin sera, à ce que personne n'en prétende cause d'ignorance, ce qui sera exécuté nonobstant oppositions ou appellations quelconques, et sans y préjudicier, suivant l'ordonnance, attendu qu'il s'agit de fait de police.

En témoins de quoi nous avons scellé ces présentes du scel ordinaire de ladite prévôté de Bures et dépendances, qui furent faites et données par nous Marc Jamin, Prévôt, juge et garde ordinaire civil, criminel et de police de ladite prévôté, haute, moyenne et basse-justice de Bures et dépendances, le mercredi neuf mai mil sept cent soixante dix, à l'ouverture de l'audience. Signé sur le registre des audiences, J. Lebrun, Jamin, juge, et Petit, greffier, avec paraphe; et signé enfin sur la grosse dudit réglement, Petit avec paraphe; et scellé à Bures le 18 mai 1770, signé Petit, greffier, avec paraphe.

A Paris, chez P. G. Simon, imprimeur du Parlement, rue de la Harpe, à l'Hercule, 1770.

Comme renseignement sur la manière dont fonctionnait cette justice trop locale, nous citerons un acte de sa procédure relatif à un assassinat commis à la Guyonnerie, en 1778.

« L'an mil sept-cens-soixante-dix-huit, le samedy dix-sept octobre à deux heures de relévée, Nous, Jean-Baptiste Empereur, procureur du roy en la grurie royale de Mons-Léhéry, lieutenant juge civil, criminel et de police de la prévôté, haute, moyenne et basse justice de Bures, la Guyonnerie et dépendances, assisté de nôtre greffier ordinaire, sur l'avis qui nous a été donné par la voye public, que Jean-Baptiste Daix, fermier dudit lieu de la Guyonnerie y avoit été assassiné par six brigans pendant la nuit dernière, et que cinq desdits six brigans étoient inconnus, mais que le sixième a été reconnu par un petit vacher de ladite ferme nommé Baptiste, nous sommes transporté en ladite ferme de la Guyonnerie, à l'effet de dresser procès-verbal dudit assassinat et des circonstances qui ont put l'accompagner, précéder et suivre; et, étant arrivé en icelle ferme, accompagné de notredit greffier et du sr Claude-François Lemareschal, maître en chirurgie, demeurant à Orsay, venus exprès avec nous pour visiter le cadavre dudit deffunt et constater les causes de sa mort, soit par des marques extérieur soit par des marques intérieur, si aucunes se trouvent. Nous avons trouvé en la même ferme Mᵉ Jean Chauvassaigues, se disant faire fonction de juge, Mᵉ Delamotte, procureur fiscal dudit baillage, Pierre Floquet, huissier de la mirautée de France, demeurant audit Chevreuse, et un jeune homme à nous inconnu, de l'âge de vingt-deux ans, visage pâle et long, cheveux blond, vetu d'une rédingotte à l'englaise à rayes blanchâte et brunâte foncée, écrivant sous la dictée dudit Mᵉ Chauvassaigues ; auxquels ayant nottifié le sujet de nôtre transport, ils nous ont répondus qu'ils avoient fait la levée dudit cadavre, qu'ils s'en étoient amparées et qu'ils dressoient procès-verbal de l'état d'icelui ainsy qu'ils en avoient le droit, prétendant que ladite ferme de la Guyonnerie est de la haute, moyenne et basse justice du baillage dudit Chevreuse, et leur ayant observée quelle étoit au contraire de la prévôté de Bures, et que nous avîons seul le droit d'y instrumenter en première instance et dans le cas particullier don-t-il s'agit, ils ont percisté dans leurs prétentions et refusées de nous laisser ledit cadavre pour constater son état et les causes de sa mort.

« Avons aussy trouvé le sʳ Andrieux, commendant la brigade de Chevreuse, avec un cavallier de ladite brigade, qui dressoient de leur côté procès-verbal dudit assassinat, affin d'en donner avis au ministre : et à l'instant avons demandés le nommé Baptiste, vacher de ladite ferme. Il nous a été fait réponse qu'il étoit allé à Marolle en Heurpoix quérir des parens dudit deffunt pour venir à son enterrement.

« Et, ayant apris par la voyes publique, que les assassins dudit deffunt étoient entrées dans ladite ferme et avoient commis ledit assassinat à la faveur d'un coutre marqué d'un A. F, nous avons demandée auxdits Mᵒˢ de Chauvassaigues et Lamotte s'ils étoient munis dudit coutre et ont répondu qu'ils le gardoient pour le déposer en leur greffe, les avons sommées de signer leurs différantes réponses et ils ont refusées de le faire, dont et de tout ce que dessus nous avons fait et dressée le présent nôtre procès-verbal pour servir et valloir en tems et lieu et a qui il apartiendra, et cependant ordonné qu'il sera communiqué tant à Monsieur de ce lieu qu'au procureur fiscal de ce lieu de Bures, pour sur icelui être pris tels conclusions qu'ils aviseroient, et a ledit sʳ Lemareschal signé avec nous et notre greffier aussy. Signé en la minute des présentes, Lemareschal, Empereur et Petit, greffier, avec paraphe. »

Le fils de M. Le Paige, que des contemporains ont encore connu, habitait alors Bures. Voici ce qu'il écrivit à son père, le grand-bailli :

« De Bures, ce dimanche au soir 18 octobre 1778.

« Je ne pourrais vous peindre, mon cher papa, tout l'effroy et toute l'indignation que j'ai éprouvée au récit d'une avanture horrible qui est arrivée à la ferme de la Guionerie, la nuit de vendredy au samedy, entre onze heure et minuit. En voici le récit tel qu'il m'a été fait par le curé.

« Vendredy, vers les onze heures du soir, le fermier de la Guionerie entendit frapper fortement à la porte de sa chambre ; il cria : Qui va là ? et les coups redoublés brisèrent la porte ; il n'eut de ressource qu'en se cachant sous le lit ; huit hommes entrèrent et le cherchèrent dans son lit. Ils n'y trouvèrent que la femme qu'ils firent lever et lui enveloppèrent la tête dans la veste de son mari. Ils prirent après cela de la paille de la paillasse qu'ils allumèrent, et à la lueur ils apperçurent le pauvre homme dessous son lit ; ils l'en tirèrent, puis avec des bâtons et un coutre de charue dont ils étaient armés, ils le frappèrent et le tirèrent de sa chambre ; ils le traînèrent de là hors de sa ferme, jusques au coin du mur du Grand-Launai, où probablement ils l'achevèrent. De là, ils revinrent à sa malheureuse femme qu'un des brigans tenait, et la menacèrent de l'égorger si elle ne leur montrait pas où était son argent. Elle leur montra son coffre et à l'aide d'une chandelle, qu'ils lui firent allumer, ils prirent son argent, une tasse, une croix d'or et du linge, et s'en allèrent. Le malheureux fermier avait un frère et des voisins. Les voleurs s'emparèrent de la porte des voisins qu'ils barricadèrent avec des arbres, et ils laissèrent à chaque porte une sentinelle pour les empêcher de sortir. Quant au frère, comme sa porte donnait dans la chambre de l'assassiné, il vola à son secours, mais ils lui conseillèrent de s'enfuir, et comme il tardait à suivre le conseil, ils lui lancèrent un coup de coutre de charue, qu'il para avec son bras qui en est fort maléficié. Il est au lit, où la peur et le mal l'ont réduit à l'état le plus pitoyable. Quant à la femme, elle est grosse de huit mois et reste veuve d'un mari de vingt-huit ans de qui elle a je crois six enfans. Ces mêmes voleurs rôdent depuis huit jours. Lundi, ils ont arrêté dans les bois de Marcoussi, sous Beauregard, une charette de fermier, qui était avec sa

femme, sa fille dans la voiture, et dont le fils conduisait les chevaux. Un seul voleur a étourdi de plusieurs coups le jeune
homme, il est monté dans la charette, a jetté la femme en bas et
a fouillé le mari et la fille, est redescendu, a fouillé la femme, le
fils, et est disparu.

« Le vendredy, ils ont bu à une ferme de Vilziers, où il y a
un petit cabaret; ils ont de là été à Saint Clair, où ils ont bu
encor. Ensuite, à neuf heures, un paysan de Montjai, qui reve-
nait au village, les a rencontrés au nombre de cinq, parlans bas
et descendans la montagne de Montjai à Bures. Et c'est vers les
onze heures du soir que le cruel attentat est arrivé. On n'a porté
de soupçon sur personne, on scait seulement, qu'un des voleurs,
ayant ôté le mouchoir à la fermière, se l'est mis sur le front;
qu'ils ont pris le chemin de Gif et qu'ils ont retourné sur leurs
pas, qu'ils sont passés à Orçay où ils ont frappé à la porte d'un
petit cabaret pour demander du vin qu'on leur a refusé, qu'après
ils ont demandé ailleurs la route de Fontainebleau. Voici la suite
à laquelle vous êtes je crois intéressé. C'est que Lebrun, votre
procureur fiscal, étant à Paris, où il avait couché cette nuit là, n'a
pas fait le procès-verbal, non plus que M. L'Empereur de Palaiseau, qui est le juge de Bures. Ce sont les officiers de la justice
de Chevreuse qui s'y sont transportés hier samedy, et ont fait le
premier procès-verbal. J'ai vu par la permission que le procureur
fiscal de Chevreuse a donné au curé d'enterrer le mort, qu'ils
comprennent dans leur justice la ferme de la Guionerie quoique,
y est-il dit, elle soit de la justice de Bures. La maréchaussée de
Chevreuse a donné; c'est la seule qui s'y soit transportée. M. L'Empereur à ce qu'on m'a dit a fait aussi son procès-verbal, quoiqu'un
peu tard. Mandés-moi je vous prie, mon père, s'il faut que
M. L'Empereur suive le procès et ce qu'il faut qu'il fasse. Je lui
ferai parvenir votre lettre au plutôt; la petite fermière en revenant de Bures passera à Palaiseau et lui portera votre lettre. Je
vous prie de le prier de me faire un mot de lettre, pour me
mettre au courant de l'affaire, de l'état où en sont les choses, et
de la remettre à la Jacote, pour qu'à son retour je sache à quoi
m'en tenir, sans d'ailleurs que cela empêche de vous répondre
plus au long par la poste qui est furieusement lente. Vous con-
cevés assés l'alerte que cela donne à tous les environs et les
allarmes que l'on en conçoit; or comme la défiance est de saison
et que ces gens là deviennent comme ours habitans des bois, il

est assés prudens de ne s'y fourer pas trop avant dans la nuit. Ainsi, mon cher papa, n'ayés pas d'inquiétude de moi. Je ne mets aucune gloire à braver des scélérats, et d'après cela, je me précautionerai. . . . .

« Adieu, mon cher papa. Nous sommes comme en pays ennemi. Je suis bien fâché que vous n'en ayés pas encore été instruit et j'ai même grondé de ce que Joseph n'était pas parti pour Paris à l'instant qu'il l'avait sçu, mais il avait l'arpenteur à qui il est nécessaire. C'est M. Le Dure, qui se promenait par le chemin d'Orsai, qui nous a instruit. Mon étonnement a été bien grand, je vous assure. Bonsoir mon cher papa. Agrées mon respect et mes homages. »

M. Le Paige, ému du récit de cet assassinat, en écrivit au lieutenant de police, dont il reçut la lettre suivante :

Paris, 21 octobre 1778.

« J'ai reçu, Monsieur, la lettre que vous m'avés fait l'honneur de m'écrire, au sujet de l'assassinat commis la nuit du 16 au 17 de ce mois, dans votre paroisse de Bures, en la personne du fermier de la Guyonnerie. J'en informe le ministre, ainsi que vous le désirés, afin qu'il puisse donner au commandant de la brigade de maréchaussée des chasses du roi, qui réside à Orsay, les ordres qu'il jugera convenables pour la recherche des auteurs de ce crime dont il sera peut-être possible de suivre les traces; on m'assure que le vol fait au fermier de la Guyonnerie consisté non seulement en argent, mais encore en linge et autres effets de nature à être reconnus : il seroit nécessaire que j'en eusse une description très exacte, parce qu'il est possible que partie de ces effets fut apportée à Paris pour y être vendue et servit à faire arrêter quelques uns des assassins.

« J'ai l'honneur d'être, avec un parfait attachement, Monsieur, votre très humble et très obéissant serviteur.

« Signé : LENOIR. »

Le crime demeura impuni. Chose non moins triste, la veuve Daix se remariait *sept* mois après l'événement. Une croix de fer, placée à l'angle du chemin de Gif à Orsai et du chemin descendant à la Guyonnerie, resta chargée du soin de conserver ce souvenir, jusqu'au jour assez récent où elle fut elle-même supprimée comme attristante.

VII.

TERRITOIRE DE BURES.

Le territoire d'une paroisse et celui d'une seigneurie sont choses distinctes. C'est du premier que nous allons parler.

Le 4 avril 1783, Antoine Schmid, géomètre à Maisons-sur-Seine, vint, sur l'ordonnance de l'intendant de la Généralité de Paris, « procéder à la levée générale, mesurage et arpentage de la paroisse de Bures. » Les limites ne paraissent pas différer de celles de la commune actuelle. De son calcul, il résulta que le territoire comprenait 1115 arpents mesure locale, 921 arpents mesure du roi.

Voici le tableau qu'il dressa :

	MESURES			
	LOCALES[1].		DU ROI.	
Terres labourables	442	49	365	70
Prés	178	8	147	18
Vignes	6	3	4	96
Bois et remises	280	41	231	75
Maisons, bâtiments, cours, jardins et parcs	153	12	126	55
Routes, chemins, rivières, friches, terres incultes	55	5	45	50
	1115	18	921	64

Soit en hectares, 569 h. 45 a. 38 c.

Lors de la refonte du cadastre, on dressa comme suit l'état des différentes natures des terres de la commune.

	H.	A.	C.
Terres labourables.	300	5	60
Vignes.		98	29
Jardins	6	56	20
Prés	95	98	15
Pâtures	4	27	43
Bois	156	98	67
Pépinières		89	15

1. 20 pieds pour perche, cent perches pour arpent.

Terres labourables plantées		43	35
Ozeraies		63	30
Friches	4	71	35
Genêts		53	21
Fontaines		64	39
Pièces d'eau		27	39
Haies, pierriers et murgers.		3	64
Maisons	4	53	90

580 H. 20 A. 97 C.

L'exploitation du sol avait subi peu de changements. Aujourd'hui, on chercherait vainement des vignes à Bures ; on n'y trouverait pas plus un coin de terre susceptible de culture qui fût laissé en non-valeur par cette population laborieuse.

VIII.

ÉPOQUE MODERNE.

La municipalité de Bures fut constitûée en 1788. Elle était composée de M. Fauchard de Grand-Mesnil, syndic depuis le 12 août 1787, Berthe, curé de la paroisse, Fournier d'Évillé, représentant M. Le Paigé, seigneur, Nicolas Blondé, Fr. Cossonet, L.-Th. Le Page, tous élus par l'assemblée générale du 12 août 1788.

La journée du 4 août 1789, si célèbre par la résolution de l'Assemblée nationale qui abolit les droits seigneuriaux, vit prendre à Bures une décision qui constitua la garde nationale et enjoignit « la restauration de la prison. »

M. Fauchard fut nommé commandant général de la force civique, divisée en sept compagnies, chargées d'un jour de service par semaine « jusqu'à ce que tous les troubles de la France fussent apaisés et que les lois eussent repris leur activité ordinaire. » Le corps de garde était établi dans la Grand'rue, chez Petit, cabaretier. (*Reg. des délibérations*, I, p. 17.)

M. Fauchard fut remplacé comme syndic, le 7 février 1790, par L. Plot, qui, dès le mois de mars, donna sa démission. En son lieu, on élut J.-B. Berthe, curé de Bures.

Le maire et curé Berthe réorganisa la *garde-bourgeoise* (25 avril 1790), « attendu que les environs du pays étaient infectés de brigands qui rôdaient les nuits, que dans différents endroits circonvoisins, on y avait volé et pillé des églises et différents particuliers, et notamment un habitant de cette paroisse » (*Reg.*, I, p. 44, 45). On punissait de 3 livres d'amende le défaut de service et de 1 livre le manquement à l'appel.

Le 30 mai 1790, l'Assemblée générale décida encore (24 votants) qu'il y avait lieu de monter la garde la nuit ; mais dès le soir de ce jour, le commandant ne trouva que deux hommes au poste. Alors, il s'en alla avec eux à la recherche des autres gardes qui étaient du Petit-Mesnil. Là, « il trouva tous les habitants du Petit-Mesnil sur leurs portes et les trois retardataires sous les armes. Ces derniers lui dirent qu'il pouvait s'en retourner avec ses deux hommes, que les habitants du Petit-Mesnil avaient résolu et décidé entr'eux de garder seuls leur canton et de ne plus s'incorporer à la garde de Bures ; ce qu'ayant entendu M. [le commandant] et ses deux hommes se sont retirés et, comme ils n'étaient pas en nombre pour monter la garde, ils sont rentrés chez eux. »

L'affaire n'en resta pas là. La municipalité protesta contre la conduite des habitants du Petit-Mesnil « et les rendit responsables des suittes et des délits qui pourraient être commis dans la paroisse, laquelle responsabilité s'étendait à tous et à chacun » (*Ibid.*, p. 50). C'était l'extension aux sections de commune de la loi qui obligeait les communes. Par bonheur, il n'y eut *ni suittes ni délits*.

En 1790, la garde nationale se composait de 81 hommes (?). (*Ibid.*, p. 52).

Le 18 août 1793, nouvelle réorganisation ! et service commandé « sous peine d'être mis en arrestation, déclaré suspect et dénoncé comme tel au département » (*Reg.*, I, p. 222).

En effet, le temps s'était vite assombri.

Le 15 mai 1791, le curé Berthe, promu grand vicaire constitutionnel de Versailles, fut remplacé par le sieur Picquenot, vicaire de Saint-Antoine de Paris. Alors Hauducœur (L.-D.) fut, le 23 juin 1791, nommé maire par 33 voix sur 34.

C'est vers cette époque qu'eut lieu un bien petit événement qui a cependant laissé plus de souvenirs à Bures que la Fédération, la Convention et toute la Révolution française, nous voulons parler d'un enlèvement de canons par la garde nationale de Gif.

En 1789, M. Fournier d'Evillé, premier commis de la Guerre, qui habitait la Maison-Blanche, avait reçu en cadeau de petits modèles de canons. Il les installa dans sa maison. Mais la garde nationale de Gif, sous prétexte de sûreté publique, s'empara dans une visite domiciliaire de ces objets, plus curieux que belliqueux. Dès le 3 juillet 1791, la municipalité de Bures protesta; ce fut en vain. Pendant longtemps, les habitants de Bures en voulurent à leurs voisins qui, dit-on, se plaisaient à raviver ces regrets par le bruit des salves de leur artillerie. Il paraît qu'en 1848 la gendarmerie fut aussi cruelle envers les gens de Gif qu'ils avaient pu l'être envers M. Fournier. Sur l'ordre du général Cavaignac, elle enleva ces redoutables canons. Bures fut dans la joie. Le maire, M. Lecerf, écrivit au général pour le prier de déposer ces objets au musée d'artillerie. En 1852, il fit encore tout ce qu'il put pour s'opposer à leur restitution à la commune de Gif.

Revenons à l'histoire de notre municipalité.

Le 13 novembre 1791, on convoqua les électeurs, qui ne vinrent pas. Il paraît toutefois qu'on réussit la semaine suivante à nommer un maire, Charles Henriot.

Le 16 décembre 1792, Nicolas-Augustin Gaget fut proclamé maire.

Louis XVI jeté en prison, la République fut proclamée (21 septembre 1792). La conduite des habitants de Bures resta modérée.

« Le 25 décembre 1792, la municipalité somme, au nom de la loi, le sieur Picquenot, curé et officier public de l'état civil, de laisser à la postérité, dans les actes qui constatent l'état civil, des preuves de *notre* catholicité, à l'usage ordinaire, afin que nos enfants n'ignorent pas quelle était la religion de leurs pères et s'ils ont reçu le baptême comme eux. Nous agissons en cela conformément au vœu de toute la paroisse, et, comme cela ne peut nuire au bonheur général et à la liberté des opinions religieuses, nous trouverions étrange si on nous privait de cette consolation » (*Reg.*, p. 156).

En même temps, « la municipalité, considérant que l'argenterie de l'église ne consistait qu'en une croix d'argent, un encensoir et deux burettes, les vases sacrés exceptés; que ces trois objets en argent n'étaient pas d'une valeur considérable et qu'on n'avait aucun objet en cuivre pour les remplacer; considérant que la loi n'entend dépouiller les églises que des richesses inutiles et superflues, a décidé qu'on n'était pas dans le cas d'être contraint à la privation de ce peu d'argenterie qui intéresse la majorité de notre culte, auquel nous sommes exclusivement attachés!» (*Ibid.*, p. 156.) Ce ne fut qu'à la suite d'injonctions réitérées, qu'on transporta à Versailles, à la Convention, une croix, un encensoir, deux burettes et leur plat.

Le 17 novembre 1793, à la suite du décret de la Convention qui remplaçait le culte catholique par celui de la Raison (10 novembre 1793), le curé Piquenot donna sa démission. Les vases sacrés furent envoyés à Paris. (*Ibid.*, p. 250 [1].)

C'est alors sans doute, sous l'empire de la Terreur, qu'on vendit aux enchères le mobilier de l'église et que des mains inconnues détruisirent le beau monument d'Antoine de Chaulnes, du chef de cette famille qui avait tant aimé le *jolly* pays de Bures.

Quoi qu'il en soit, tout porte à croire que les excès n'atteignirent pas les personnes. « Le 10 floréal an II (29 avril 1794), se sont présentés devant le conseil général de la commune : 1° M. Pierre Puissan, âgé de 69 ans 10 mois, demeurant au Petit-Launay; 2° Léon Puissan, âgé de 27 ans, claire de notaire à Paris; 3° Madame Boullenger, âgée de 51 ans; 4° Mademoiselle Boullenger, âgée de quinze ans et demis, lesquels ont déclaré savoire : M. Puissan père, que son père était mort pourvu d'une charge qui donnait la noblesse dans l'ancien régime, mais que ni lui ni ses enfants n'ont jamais vaicu noblements, usé ni fait cas des privilèges de noblesse; Madame Boullenger qu'étan veuve d'un ex-noble elle a été forcée de quitter Paris quoiqu'elle E (*sic*) le bonheur de n'estre pas née noble. Lesdits Puissan, veuve et fille Boullenger se sont soumis à se présenter à la maison commune tous les jours » (2° *Reg.*, p. 16).

A bien le considérer, cet acte si pénible couvrait une mesure de protection. Le 16 du même mois (22 germinal an II) une loi avait traduit au tribunal révolutionnaire de Paris tous les indi-

---

1. Le 15 fructidor an IV (1ᵉʳ sept. 1796), le sieur Julien Beaufils, qui se disposait à exercer dans l'église de Bures « le culte connu sous le nom de Catholique, a déclaré : Je reconnais que l'universalité des citoyens français est le souverain et je promets soumission et obéissance aux lois de la République. » Reg. 2, p. 105. — 4 vendémiaire an V, même serment, en même circonstance, par Sébastien-François-Xavier Pomiès; 17 fructidor an V (3 sept. 1797), même serment par Jacques Gambier. *Ibid.*, p. 108 et 111.

vidus portant ombrage, et avait banni de la capitale sous peine de mort les ci-devant nobles et les étrangers. Évidemment, les hommes qui, en acceptant la déclaration de M. Puissan, se servaient encore de cette appellation de Monsieur, songeaient moins à l'humilier qu'à protéger sa vieillesse.

Voici la liste des maires de Bures :

10 germinal an III, F. Vigoureux.
17 brumaire an IV, A. Gaget, agent municipal.
10 germinal an V, Julien Lecour, agent municipal.
10 germinal an VI, Dinanceaux, agent municipal.
26 pluviôse an VI, J.-L. Petit.
An XIII, Gabriel Roger, maire.
2 novembre 1806, J.-B. Ch. Flury.
8 mai 1808, J.-B. Fauchard de Grand-Mesnil.
24 juin 1813, Adr.-Marie-Louis Le Paige.
14 juin 1815, P. Hauducœur.
13 septembre 1824, Adr.-M.-L. Le Paige.
23 septembre 1830, P. Hauducœur, décoré en 1832.
13 août 1848, Le Cerf.
14 janvier 1867, Jousset.
8 juin 1869, Berthonneau.
9 novembre 1871, Favret.

IX.

PROMENADES DANS LE PAYS DE BURES.

Si le lecteur n'est pas trop fatigué de sa lecture, et, au besoin, pour le délasser de sa fatigue, qu'il veuille bien faire quelques petites promenades dans cet agréable pays. Il achèvera de faire avec lui une entière connaissance. De même que chaque partie du sol a ses qualités propres, elle a aussi son nom. Nous dirons au promeneur ces anciens noms du terroir de Bures, ceux des bois qui vivent sur les coteaux, ceux des chemins et de leurs détours, ceux des gués de l'Ivette et du Vaularon, visiteurs fugitifs de nos fraîches vallées.

Nous partirons de la limite du côté d'Orsai. Elle est encore aujourd'hui marquée par une borne, qui porte d'un côté un O et de l'autre PM (Petit-Mesnil) et fut plantée là par M. Rouillé, seigneur de Bures, et M. Durfort d'Orsai. C'est là encore qu'était le poteau aux armes de Limours.

A gauche, ce sont des bois, dont une partie, au xviiie siècle, s'appelait Bois Jacot, mais dont les noms anciens étaient Bois Pottier, de Villevert, d'Entraigues, et surtout *bois Comtesse* et *Bouteiller* (1402). Par ce chemin, aussi à droite, on montait à la *Dimancherie*, ancienne maison, aujourd'hui détruite, de la famille Dimanche, aux Ullys, et à la vigne de Bures (7 arpents) qu'on exploitait encore en 1775. A gauche du chemin, du côté de Grand-Mesnil, ces terres, qui descendent vers la rivière, s'appelaient la *Mare Lessart*, et on y trouvait la fontaine de la Roiche.

Au point de rencontre du chemin d'Orsai à Bures et à Gif et de la route de Chartres se trouvait autrefois un *gros châtaignier* sous lequel, au xve siècle, on payait les cens dus pour les terres et biens-fonds du Petit-Mesnil (acte de 1484). Un siècle plus tard, les tenanciers apportaient leur cens à l'hôtel même du Petit-Mesnil, mais le souvenir du *gros châtaignier* subsista longtemps. Laissons à droite le Grand-Mesnil, où nous reviendrons, et descendons vers le village. Nous voilà dans ce qu'on appelait, dès l'an 1402, la *grant rue* de Bures.

Les premières maisons qui se présentent sont celles du Petit-Mesnil. Ce hameau, qui jusqu'à la Révolution formait un groupe bien distinct, paraît n'avoir consisté, à l'origine, que dans quelques bâtiments élevés autour d'une cour commune et dont une partie est adossée au mur du Grand-Mesnil. Au-dessous, étaient les *Petits-Champs*. Au midi, à gauche de la rue, les *lieux-dits* se sont appelés la *Cailleterie*, des nommés Caillet, le *Champagnon*, du nommé Pagnon, qui les possédaient. La mairie a été bâtie à l'extrême limite du Petit-Mesnil. Elle est commodément aménagée et, en somme, on y marie aussi bien qu'ailleurs.

Arrivons à Bures, au vieux Bures. Une place, très-étroite, occupe une partie de l'ancien cimetière, que fermait un mur, qui resserrait encore la rue. En face de la seconde petite place, on trouve le presbytère, établi là de toute antiquité.

Si l'on prend la rue qui va vers le passage à niveau du chemin de fer, on laisse à droite le Clos-Canaie, dont il ne reste que quelques murs, et peut-être le tracé du jardin. Au-dessus était le *Pré de la Cure*, traversé par la ravine de Villevert. Le chemin aboutit au *Ponceau de Bures,* sur lequel passe la route de Chartres, que nos anciens titres appellent le *Chemin du Roi,* et qui a remplacé, s'il ne la recouvre pas, une voie romaine. A la vérité, jusqu'à présent, on n'a pu découvrir aucun vestige antique ; mais il faut noter que la route a été deux fois déplacée entre Launai et Gometz, point où des recherches devraient plus particulièrement être pratiquées. Avant d'aller plus loin, redescendons la rue. Le côté qui fait face au presbytère s'appelait le chantier de l'Ormeteau (1402), puis le *Champ de la Foire* et le *Marché aux pourceaux*, puis, plus tard encore, le *Pomeret*. Cette foire était délaissée dès le xvie siècle.

La grande rue finit au pont de Bures, sous lequel passe le Vaularon. Nous avons parlé plus haut de la Maison Blanche, dont le potager représente l'ancien fief Beaurain. Le fief occupait lui-même la place d'un moulin, qui portait le nom d'*Ecoute-s'il-pleut*. Jean Brémond l'occupa vers l'an 1500. Le moulin avait remplacé un hôtel seigneurial et le fief du Valaron, acheté au xive siècle par Arnoul de Puisieux. A la fin du xvie, il restait là un petit hameau de quelques maisons ou chaumières. M. de Miraumont le démolit et enferma le tout dans ce beau parc que nous admirons. Le chemin, qui du pont se dirige vers la croix de Bures, s'est appelé le chemin de Bures à Saint-Clair [1] ; mais, plus communément, on ne donnait ce nom qu'à la partie comprise entre le *Royaume* et la *Croix*. En 1746, on appelait le chemin de Bures à la Haquinière *rüe aux Vaches* (acte du 14 septembre 1746) [2]. Nous ne le suivrons pas, d'autant qu'il est aujourd'hui coupé par le chemin de fer. Il faut aller prendre un peu plus haut, en face la porte du Haras, la voie qui conduit au passage à niveau. Son nom ancien était celui de *sentier aux Anes.* Rien de plus agréable à voir que ces coteaux de Montloris, mieux dessinés que ne le ferait croire leur nom moderne de Pain-de-Sucre. On laisse à droite des terres, appelées Chantier de la *Garneterie,* puis le mur de Petit-Launai, et enfin on se trouve dans la vallée, dont l'aspect est ravissant. Sous les yeux s'étendent des prairies où serpente la rivière, bordée çà et là de

1. Il est dit : Ruelle qui va de la *Rue aux Vaches* à la Croix. 19 octobre 1510.

2. Chemin appelé la *Rue aux Vaches,* tendant de Bures à la Haquinière. En 1615, on connaissait encore ces appellations. En 1740, on en avait perdu la notion exacte.

vieux saules. Dans le fond, le village de Gometz, avec ses maisons étagées et son clocher, qui s'élève comme un donjon au centre d'une enceinte fortifiée. Des deux côtés, servant de cadre au tableau, le Montloris et la colline de Montjai, dont le château avec ses murailles blanches se détache vigoureusement sur la verdure sombre des chênes.

On arrive à la Haquinière, ou plutôt aux lieux où elle fut. A deux pas de là sont des fontaines, jadis célèbres, aujourd'hui bien délaissées. Un chemin, autrefois appelé la *Voie Rouge*[1], et qui longeait la *Vallée des Espagnols,* nous conduira à la nouvelle route de Chartres. L'ancienne formait une espèce d'arc à droite, en allant vers Paris, depuis Gometz jusqu'aux Barattages[2]. Dans un acte du 1er novembre 1741, on cite le chantier de l'*Abyme* ou de la *Chevallerie* (d'un sieur Chevallier, ancien propriétaire), qui confinait au « nouveau grand chemin de Chartres, au lieu où estoit autrefois un abyme. »

On trouve ensuite la propriété de Petit-Launai, communément appelée *la Vierge,* à cause sans doute d'une statuette placée dans une niche, sur le bord du chemin. De beaux arbres, aux ombrages frais, des prés verts qu'arrosent des eaux courantes, des vues habilement pratiquées à travers des masses de verdure, à l'intérieur, et grâce aux pentes du coteau, des mouvements de terrain variés ménagent des aspects inattendus; tout y a un air de vraie nature qui rend ce domaine particulièrement agréable à l'œil du passant. Un peu plus loin que Launai, et vers Bures, étaient la *Garneterie* et le *Bois-Bourdonnière* (2 arpents 1/2). Les bois qu'on aperçoit en face sont les *Bois Michel-Pierre.* Enfin, en revenant à la croix de Bures, à l'angle de la route de Chartres et du chemin de Montjai, on trouve le chantier des *Trèfles* ou la *Fosse-aux-Nonains*, nom indiquant quelque ancienne propriété conventuelle.

Voici l'occasion de monter à Montjai, en laissant à droite les *Bois-Comtesse* (*bois Madame Comtesse* en 1402) et le nouveau cimetière, puis en escaladant un sentier assez raide qui vous conduit au beau milieu de la plaine. Si les yeux ont été éblouis

---

1. Chemin de *Voie Rouge,* anciennement de la Berthaumerie, qui conduit de Saint-Clair à Frileuse.

2. Dans un acte du 17 novembre 1692, on cite le « chemin qui monte du Baratage à la justice de Saint-Clair. »

par le splendide panorama de la vallée, ils vont pouvoir se reposer sur des vues plus calmes. Là, point de lignes tourmentées ; un horizon sans relief, sur lequel se découpent les silhouettes de quelques pommiers. Au demeurant, des terres bien cultivées et aussi belles à voir pour le laboureur que peuvent l'être pour le peintre les escarpements pittoresques des buttes de Moulon.

Nous irons vite sur ce terrain plat. Par le chemin de Montjai à Orsai et à Mondetour, nous gagnerons le chemin d'Orsai à Saint-Jean-de-Beauregard. Les terres qui suivent l'orée des bois s'appellent les *Plans* (*plana?*), les *Bruières* et le *Clos aux Bœufs*. De l'autre côté, est le chantier du *Long-Reage*, et l'emplacement de l'ancien fief des *Ullys*, où se trouvait la *Mare Croullière*, qui s'étendait jusqu'à la *Dimancherie*. Les autres lieux-dits sont la *Mare Laurent*, le *Chantier de Lasnier*, celui des *Noyers*, des *Saussaies*, de *Hamon* ou des *Hamons*, des *Closeaux*. Sur les confins de la paroisse, à l'extrémité du parc de Montjai, existe encore une pierre assez curieuse. Elle porte sur une face un M et sur l'autre une croix de Lorraine. La croix était chargée de rappeler la suzeraineté de Madame de Brionne, comtesse de Limours, née princesse de Lorraine. Cette borne, — qui s'en doute et s'en soucie aujourd'hui ? — constate la persistance des prétentions des seigneurs de Gometz à tenir Montjai dans leur mouvance directe. Il y avait là le germe de gros procès, auxquels la Révolution ne donna pas le temps de naître. Quoi qu'il en soit, la borne mérite d'être conservée.

Le château de Montjai, admirablement situé, est, au levant et au midi, posé près d'une prairie, au bord d'une vaste plaine ; au couchant et au nord, il s'élève sur une colline, point de rencontre de deux profondes vallées. Il appartient aujourd'hui à la famille Jousset, dont le nom est si honorablement connu dans le monde typographique de Paris.

Le *Barattage*, autrefois la *Fosse-Pigeon,* dépendait de Montjai.

Avant de redescendre, jetons un coup d'œil sur les riants paysages qui s'offrent à nos yeux. Tout y respire le calme et le bonheur paisible ; mais au loin, du côté de Palaiseau, on aperçoit comme un retranchement, comme le profil sévère d'un fort. C'en est un en effet. L'Ivette forme aujourd'hui une ligne de défense, et la vallée de Saint-Clair, ainsi qu'au XIe siècle, constitue un défilé militaire, que la redoute de Palaiseau a pour mission de fermer à l'ennemi. Dieu veuille épargner la guerre à ce pays; mais si elle doit y revenir, élargis-toi, ô douce petite rivière, et fais-toi fleuve pour engloutir les soldats prussiens.

Comme dernière promenade, réservons le cours de l'Ivette, qui nous arrive après avoir déjà parcouru environ cinq lieues. Le désir de garder le plus longtemps ses eaux, leur fraîcheur salutaire aux prairies, leur force utile aux moulins, a depuis long-temps amené sa division en rivière vive et morte. On les mentionne l'une et l'autre dès le XIVe siècle. Jadis, une borne plantée sur le bord du courant annonçait la fin de la seigneurie de Gif et le commencement de celle de Bures (aveu au Roi par Louis de Villetain, seigneur de Gif, 1530). Elle se trouvait à l'est des *Prés Burette*, qui faisaient partie de la *Fouqueterie*, habitation des *Fouquet*. Les prés de l'autre côté s'appelaient les *Prés Raoul*, puis par corruption les *Prés Anroux*. En suivant le fil de l'eau, on arrive à l'ancien fief *Fleurigni*, puis à la *Pâture Morin*, enfin au *Clos Provost*. De l'autre côté de la route, on laisse à droite la *Coudraie*, qui prêta son nom à un des Chaulnes, puis les chantiers des *Sablons*, ou du *Grand-Champ*, et celui des *Fonceaux*.

Le château seigneurial, comme on l'a dit dans l'histoire de Bures, a été démoli vers le milieu du XVIIIe siècle. Les bâtiments actuels, bien que modernes pour la plupart, ont conservé la forme de l'ancien édifice, élevé d'après les principes de l'art militaire du XIVe siècle. A cette époque, alors que les armes à feu étaient à peine connues, on accordait autant de force défensive à une forteresse, assise au milieu de prairies et entourée d'eau, qu'aux donjons élevés sur les collines. L'image de cette figure militaire se retrouve dans les deux tourelles qui limitent à l'ouest le parterre de la ferme. On voit encore les traces d'un pont-levis et, dans un bail de 1676, on cite le Château-Gaillard. Un bâtiment où se rendait la justice a conservé le nom de l'Audience.

Le château-fort de Puisieux, le manoir d'Anne de Pisseleu, d'Antoine et de Jean de Chaulne, a été transformé en un haras fort bien tenu et excellemment situé.

Dans le parc, du côté du nord, à l'angle formé par la route de Bures à Moulon et celle de Gif à Orsai, était la Jossetterie, ancienne demeure des Josset.

L'Ivette sort du parc en rivière *morte*, au *Pont de l'Arche*, et en rivière *courante*, au sortir d'un canal souterrain. De là, cette dernière va passer au gué Saint-Mathieu (gué Saint-Mahy), près de la fontaine Saint-Mathieu. C'est là que se trouvait le Petit-Moulin.

Le château de Grand-Mesnil se présente ensuite avec un remarquable aspect. Il est, comme on dit, à peindre, et, même vus de la Guyonnerie, ses murs blancs et rouges, sa toiture d'ardoise, son colombier, apparaissent si poétiquement au travers des arbres, que nos peintres réalistes prétendraient que le paysage est arrangé. C'est un beau décor de théâtre exécuté par la nature elle-même. A voir ces ombrages et derrière eux ce manoir qui rappelle le style du temps de Louis XIII, on rêve d'aventures romanesques et, par le fait, c'est là que vint souvent s'inspirer un grand acteur, qui emprunta son nom de théâtre à ce domaine et sut le faire honorer tant par son talent que par ses qualités d'esprit et de cœur. Ses restes reposent dans un cimetière de famille, que de loin on prendrait pour une sépulture antique.

Le territoire de Bures, sur la rive gauche de l'Ivette, est assez restreint. On ne regrettera cependant pas de franchir les passerelles et de monter à la Guyonnerie. De ce côté point de châteaux ni de parcs, ni de grandes propriétés; mais c'est de là qu'on voit le mieux et dans toute leur beauté ceux de la rive droite. Que faut-il de plus au promeneur intelligent; que faut-il de plus à l'artiste? Voir c'est presque posséder. Du seuil d'une chaumière bien située, cet artiste contemple son domaine, ses futaies de Grand-Mesnil, les allées de la Maison-Blanche, son vieux parc de Bures; le village est compris dans son enclos; cette rivière est à lui, comme l'air frais et pur du vallon, comme le rayon du soleil. Lorsque l'ombre du soir dérobe ce spectacle à sa vue, il rentre, priant le ciel de garder la richesse aux riches et d'inspirer aux riches de maintenir belles et souriantes aux yeux les belles choses dont il leur a donné la possession. En terminant, disons avec lui : Dieu garde « le joly petit pays de Bures ».

PIÈCES JUSTIFICATIVES.

I.

Omnibus præsentes litteras inspecturis Officialis curiæ Parisiensis, salutem in Domino. Notum facimus quod Galterius de Bonnellis, armiger, in nostra præsentia constitutus, fide præstita, viginti libri Parisiensium ecclesiæ sancti Eustachii vel alibi Parisius, ad opus duarum cappellaniarum, quas Guillelmus Pungens Asinum [1] instituere proposuit in ecclesia sancti Eustachii vel alibi, de consilio Domini Parisiensis et amicorum ejusdem Guillelmi, tertiam partem decimæ de Buris, cum omni jure quod ibi habebat, et omnibus augmentationibus ejusdem decimæ, si quæ in posterum sint factæ de nuntio in nuntium ad petitionem partis quæ primo petierit remedium.

Bartolomeus vero de Sancto Mauricio, de cujus feudo prædicta decima movere dicitur, impignorationis instrumentum laudavit, pariterque et concessit seque fidejussorem constituens, de garantia recta fidem præstitit corporalem.

Plegios quoque se constituerunt super hoc Robertus de Longa Quercu [2] et Bartholomeus de Buris et Reginaldus de Sancto Mauritio, scutiferi, quilibet in solidum; et per fidem se supposuerunt jurisdictioni curiæ Parisiensis præfati Galtarius, Bartholomeus et plegii ut eos, si opus fuerit, ad observantiam prœmissorum compellere valeamus [3].

Actum anno Domini 1224 [4], mense februarii.

---

1. Sur ce personnage v. Lebeuf, *Hist. du diocèse*, I, p. 97, Guérard, *Cart. de N.-D. de Paris*, I, 126, 127, 204; II, 257; IV, 18. La plus curieuse des pièces où il est question de Point-Lasne est une charte de mars 1224 où l'on voit sa première pensée de fonder deux chapellenies. Il avait acheté 38 livres de rente sur les dîmes de *Bernolio*, paroisse de *Ciconelli*. Ce projet, on ne sait pour quelle cause, fut abandonné.

2. V. Moutier, *Histoire de Chevreuse*, p. 273.

3. Le texte, pris sur une copie de M. Le Paige, est évidemment altéré dans la forme, non dans le fond. On n'imposa pas aux garants de 1225 la condition exigée des garants de 1224 : « Quod si dictus Guillelmus deficeret in aliquibus de premissis, ipsi (plegii) tenerent prisionem Parisius, infra ambitum murorum Parisiensium jacendo singulis noctibus, de die tamen, si vellent, foras aliquantulum exeundo, quo usque, etc.

4. 1225, nouv. style.

II.

Omnibus præsentes litteras inspecturis Guillelmus, permissione divina ecclesiæ Parisiensis minister indignus, salutem omnibus in Salvatore : Notum facimus quod Odo de Bonella, armiger, in nostra præsentia vendidit pro centum et viginti libris parisiensium Guillelmo Pont-l'Asne (sic), civi parisiensi, ad augmentum suarum capellaniarum, quæ sunt in ecclesia sancti Eustachii Parisiensis, tertiam partem decimæ (sic) de Buris quæ sunt Regi, cum omnibus augmentis sequentibus, præsentibus et futuris, cum omni etiam jure quod eidem Odoni in eadem decima competebat. Vendidit etiam præfato Guillelmo unum arpentum prati et unam plateam, sitam juxta portam ecclesiæ de Buris, ad grangiam ædificandam, pro dicta decima recipienda, si præfato Guillelmo videtur expedire. Promisit autem (sic) nobis, fide interposita, præfatus Odo quod in venditione prædictarum (sic), nihil per se vel per alium de cœtero (refracturum sic); imo venditionem prædictam tenebit et bona fide inviolabiliter observabit, et de recta garandia contra omnes ferenda, fidem nobis præstitit corporalem.

Super hac autem venditione tenenda et inviolabiliter in posterum observanda, plegios se constituerunt fide interposita, Robertus de Longa-Quercu et Simo de Breton, milites; Guillelmus de Breton et Guillelmus de Cornilio[1], clerici, Guido de Malo-Passu et Adam de Garnevoisin armigeri, sub religione... prœstiterunt nobis fidem, promittentes, pariter cum dominis superius nominatis, quod prædicta omnia, pro ut superius expressa sunt, fideliter et inviolabiliter observabunt, ad jurisdictionem curiæ parisiensis quantum ad venditionem hanc se spontanei supponentes, adherentes supradicti, tam plegii quam domini prænominati quod si per temporis decursum capellani jam dictarum capellaniarum super venditione contigeret molestari ipsi tenebuntur eosdem capellanos reddere indemnes, damnaque supra et gravamina, ratione ejusdem venditionis, ab ipsis capellanis perpessa, eisdem capellanis in integrum resarciendo. In cujus rei testimonium præsentes litteras sigilli nostri fecimus pro impressione (sic) muniri.

Actum anno Domini 1228, mense aprili (non signé et scellé à lacs de soie d'un scel de cire verte où est la figure de G. évêque).

III.

Omnibus præsentes litteras inspecturis, G. Dei gratia Remensis archiepiscopus, salutem in Domino. Noverit universitas vestra quod sanctæ matris Ecclesiæ profectum modis omnibus cupientes cultus-

---

1. Peut-être Corneuil, Eure, Evreux, Dampierre.

que divini ampliationem volentes concedimus, volumus, approbamus quod capellani sancti Eustachii Parisiensis teneant et pacifice possideant tertiam partem decimæ de Buris et unum arpentum prati et unam plateam sitam ante portam ecclesiæ de Buris, ad usum et utilitatem eorumdem capellanorum, quæ omnia ad nostrum feudum pertinentia Guillelmus Pungens-Asinum, civis Parisiensis, exemit de Odone, fratre Galterii de Bonella ad opus duarum capellaniarum quas præfatus Guillelmus in ecclesia superius nominata, ob suæ et uxoris remedium animæ instituit et fundavit. In cujus rei memoriam et testimonium præsentes litteras sigillo nostro fecimus roborari. Actum anno Domini 1229 mense novembris.

(Non signé, mais scellé sur double queue, sur lequel (*sic*) il y a apparence de cire verte.)

IV

Omnibus præsentes litteras inspecturis Guillelmus, permissione divina Ecclesiæ Parisiensis minister indignus, salutem omnibus (*sic*) in Salvatore : Notum facimus quod cum Guillelmus Pont de Lâne (*sic*), civis Parisiensis, 3o libras annui redditus ad institutionem et fundationem duarum capellaniarum, quas idem Guillelmus in ecclesia sancti Eustachii Parisiensis instituit, ob suæ et Isabelis quondam uxoris suæ remedium animarum : idem Guillelmus prædictarum capellaniarum patronus, contentiones quæ inter capellanos dictarum capellarum possent in posterum suboriri cupiens exstirpare, de bonorum virorum consilio, dictas 3o libras divisit in duas æquas et legitimas portiones in hunc modum distribuens ; quo considerato, et æquipenito (*sic*) rerum et locorum statu, assignavit Gilberto capellano misistranti in una de duabus cappellaniis, ac cæteris capellanis qui post præfatum Gilbertum eandem capellaniam tenebunt 15 libras annui redditus annuatim capiendos Parisius in capella juxta muros Regis, in terram quæ fuit dominæ de Gif : Magistro vero Guidoni de Monteforti qui aliam tenet capellaniam et omnibus qui post ipsum Guidonem eandem capellaniam tenebunt, præfatus Guillelmus 9 libros annus redditus singulis annis capiendas Parisius in censum et terram Isabelis superius nominatæ. Pariter Guillelmus assignavit Guidoni jam dicto suisque successoribus decimam de Buris cum dependentiis ejusdem decimæ, quæ omnia ad valorem sex librarum Parisius annui redditus estimantur. Ceterum, propter pacem inter duos capellanos plenius in posterum observandam, pronuntiavit et ordinavit supradictus Guillelmus quod uterque Capellanorum contentus erit portionis redditus sibi factæ et quod uterque capellanorum proventus terræ sibi assignatæ percipiet, adjungens quod ex quacumque ratione contigerit in posterum portiones prædictas augeri vel ameliorari seu per emptionem, seu per eleemosynæ collationem, alter capellanorum poterit[1] (sic) aliquid in portione alterius reclamare.

In cujus rei memoriam et testimonium nos, ad peticionem præfati Guillelmi nec non prædictorum Gilberti et Guidonis, presentes litteras sigilli nostri munimine fecimus roborari. Actum anno Domini 1229, mense februarii.

(Non signé, mais scellé d'un scel de cire verte à lacs de soie, où est la figure de G. évêque.)

V.

Donation de biens sis à Bures, faite par les frères de Setams au couvent de Sainte-Catherine-du-Val des Écoliers. 7 février 1349.

A touz ceus qui ces lettres verront, Henris de Taperel, garde de la prevosté de Paris, salut : Sachent tuit, que pardevant nous vindrent en jugement, en propres personnes, Mahiet, Henriet, et Adenet de Setams, frères, escuiers, neveux et hoirs de feu mestre Henri de Setams, leur oncle, recognurent et confessierent en droit eus avoir donné quitté, ottroié et du tout en tout delessié desorendroit a touz jours perpetuelement et veritablement, de leur bonne volenté, sanz nulle contrainte, mes de leur pure liberalité, en non de pure et perpetuelle aumosne, par don fait entre les vis, sans espérance de jamès rappeler, à religieus et honestes hommes, le prieur et le couvent de l'eglise Sainte Katherine du Val des Escolliers de Paris, à leurs successeurs et a ceus qui ont ou auront cause de eus, pour estre acompaigniez aus prieres, aus oraisons, aus messes et aux bienffais des diz religieux et de leurs successeurs, un fié, ceant es villes de Bures et de Gommez le Chastel, avecques toutes ses appartenances et appendances, lequel fié le dit feu mestre Henri tenoit ou temps qui vivoit de son conquest, si come il disoit, et mouvant de mon seigneur Jehan d'Angerviller, chevalier, transportanz, mettanz, quittanz, cessans, ottroians et du tout en tout delessanz les diz frères escuiers, es diz religieus, en leurs successeurs et en ceus qui ont ou auront cause de eus, tout le droit, action, seigneurie, proprieté, possession et saisine réele, corporele, mixte, enterine, parfaitte et toute autre que il avoient, povoient avoir et devoient tant par droit come par coustume ou dit fié et en toutes ses appartenances et appendances, sanz rien retennir y, ne reclamer de droit ne d'accion d'ores en avant à eus ne à leurs hoirs. Du quel fié et de toutes ses appartenances et appendances données, si come dit est, les diz donneeurs se dessaisirent en notre main, come en main souveraine, et nous à leur requeste en saisismes, meismes en possession et en pesible saisine corporele les diz reli-

---

1. Peut-être faut-il lire *non poterit*.

gieux, pour eus, pour leurs successeurs et pour ceux qui ont ou auront cause de eus, par le bail de ces présentes lettres, et les en establirent des maintenant sanz nul rappel procurateurs, acteurs et feseurs et come en leur chose propre ; Et promistrent les diz donneurs conjointement, ensembles et principalment, chacun de eus pour le tout par leurs sermens faiz de leur bon gré sollempnement pardevant nous sus sainz Euvangiles et par la foi de leur cors, donnée corporelment en notre main, que contre le don fait et devisé en la maniere que dit est, ou contre aucune de ces choses, par raison de conquest, de decevance, par aucun engin ou cautele, par aucun droit general, ou especial ou autrement, par eus ne par autres ne vendront ne venir feront, à nul jour ou temps à venir, ainçois le garantiront, deliverront et deffendront aus diz religieux, a leurs successeurs et a ceus qui ont ou auront cause de eus, envers touz et contre touz, en jugement et hors, à leurs couz, à touz jours, toutes fois que mestier en sera ; et quant à ce tenir et accomplir fermement et loiaument et de non venir encontre ou temps à venir, les donneurs dessus nonmez ont obligié chascun pour le tout, eus, leurs hoirs, touz leurs biens et les biens de leurs hoirs, meubles et nonmeubles, présens et à venir, où que il soient trouvez à justicier par nous ou par nos successeurs Prevos de Paris, ou par la justice ou justice souz qui juridicion il seront trouvez pour vendre et pour despendre, à tel feur tele vente, sans eux appeller, pour ces lettres du tout en tout enteriner. Et renoncent en ce fait par leurs diz serements et foy, pardevant nous, à toutes excepcions, decepcions, cavillacions, allegacions, raisons de fait et de droit, escript et non escript, et autres choses qui valoir leur pourroient à venir contre la teneur de ces presentes lettres et especialement au droit disant general renonciacion non valoir. En tesmoing de la quele chose, nous, à la requeste des diz donneeurs, avons mis en ces lettres le scel de la prevosté de Paris, le mercredi apres la Chandeleur, l'an de grâce mil trois cenz dis et huit.

S. Montigny.

Au dos. Pour le Val des Escolliers. Mention de la main qui a écrit l'acte.

Le fief maistre Henry de Setams seant à Bures et à Gommetz que donnèrent Mahiet, Henriet et Adenet de Cetams. (xvi° siècle.)

VI.

Acquisition par Arnoul de Puisieux du fief de Valaron. 29 décembre 1399.

A touz ceulx qui ces présentes lettres verront et orront, nous Jehan Pany, dotteur en loys, bailli de Galardon, salut ; sachent tuit que en la présence Thevenin le Boucher, clerc, tabellion juré de la chastellenie d'icellui lieu et garde des seaux d'icelle, vindrent et furent presens en leurs personnes, Guillaume de Chartres, escuier, et damoiselle Perinne sa femme, lesquel chacun pour le tout et mesmement ladicte damoiselle avec l'autorité, povoir, congé et licence dudit Guillaume son mari, à elle donnée et ottroyée quant ad ce, congnurent et confessèrent eulz avoir vendu, baillé quitté cessé delessé et du tout en tout transporté des maintenant à toujours mes à noble homme, messire Arnoul de Pisieux, chevalier, maistre d'ostel du Roy notre sire et seigneur d'Orsay lez Palaiseau pour lui, pour ses hoirs successeurs et pour les aiens cause de luy ou temps advenir unes masures appellées Vallarron, avec les prez, rivière, boys, cens, rentes, et generalement tout ce que ils ont et peust (sic) avoir en la ville et paroisse de Bures, sanz en riens retenir ne excepter, tout tenu en fié dudit messire Arnoul mouvant, du propre heritaige audit Guillaume, à luy venu et escheu par la mort et succession de feu Guiot de Chartres escuier, son père, si comme il disoit; ceste vente faite pour le pris et la somme de soixante et dix livres tournois dont les diz vendeurs, chacun pour le tout, se tindrent a bien paiez et comptans et en quittèrent et quitte clamèrent ledit messire Arnoul et ses hoirs successeurs, dès maintenant a tousjours mès, promettant en bonne foy les diz vendeurs, chacun pour le tout, que eulz contre la vente et quitance dessus dicte ilz n'iront, ne vendront, ne venir ne feront, par eulz ne par autres, jamès ou temps advenir; Aincoys, les heritaiges et choses dessus dites, par eulz vendus comme dit est, promistrent et gaigèrent chacun pour le tout, par la foy et serment de leurs corps garandir (sic) de delivrer et deffendre par eulz, par leurs hoirs, audit messire Arnoul et à ses hoirs successeurs, envers touz et contre touz, de touz troubles et empeschements quelconques, aux us et aux coustumes du pays, en jugement et dehors, et sur ce rendre et paier touz coulx, mises, dommages-intérêts, et despens que le dit messire Arnoul et ses hoirs sucsesseurs pouvoient avoir et soustenir par deffaut de garandie, sur lesquelz le porteur de ces lettres sera creu, par son simple serment, sanz autre preuve faire; Et quant ad se les diz vendeurs obligerent chacun pour le tout audit messire Arnoul et à ses hoirs successeurs et submistrent du tout à la juridicion de ladite Chastellenie de Galardon et à toutes autres, eulz, leurs hoirs et touz leurs biens meubles et heritaiges présens et ad venir, pour prandre, vendre, lesser et expletter par main de justice jusques à plain accomplissement de ces lettres et du constenu en icelles; Et renoncèrent les diz vendeurs, chacun pour le tout, par leur dites foiz et sermens, à toutes grâces, estaz, respiz, privillaiges et indulgences du Roy notre sire et d'autres princes, donnés et à donner, à la dispensacion de leur prelat et à tout ce qui contre ces lettres et le contenu en icelles pourroit estre dit ou opposé. Donné soubz le seel de la Chastellenie de Galardon, l'an de grâce mil CCC XCIX, le lundi XXIXeme jour du moys de decembre.

Signé *Boucher.*

Au revers : L'achat du fief de Vaularron. (Mention contemporaine.)

Transport de Bures faict à messire Arnoul de Puyseulx. (XVIme siècle.)

1er juin 1478. Renonciation par Ambrois de Chasteaupers au profit de honorable homme et sage maître Adam Boucher, notaire et sécre-taire du Roi, seigneur de Bures en partie, à la propriété d'un fief appelé Villaron appartenant jadis à damoiselle Philippe de Chasteau-pers sa tante et paravant à Jaquet de Puysieux, à charge de ne rien demander audit Ambrois de ce qui pourroit être dû comme rentes sur le fief.

VII.

Lettre de Charles VI accordant certains droits au grand moulin de Bures.

Charles, par la grâce de Dieu Roy de France etc., au Prevost de Paris et a touz les autres justiciers et officiers de notre Royaume ou à leurs lieuxtenans, salut ;

Come en notre chastellenie de Montlehery nous ayons plusieurs molins, auxquelz les manans et habitans d'icelle chastellenie souloient aler mouldre leurs grains ; lesquels molins par deffaut de soustenement de réparacions sont dez lonttemps cheuz en ruyne, et telement que aucuns ny peuvent de présent mouldre leurs grains ; parquoy leur esconvient mouldre yceulx grains es moulins qui sont en nostre chas-tellenie et environ : Et nous aions entendu que de présent notre amé et feal maistre Raymon Raguier, maistre de nostre chambre aux deniers, a en la chastellenie de Gomez-le-Chastel, joingnant de nostre dite chastellenie de Monltlehery, un moulin assis en la ville de Bures, auquel plusieurs manans et habitans de nostre dite chastellenie de Monltlehery (sic), pourroient mouldre leurs diz grains ; et pource nous a requiz ledit maistre Raymon, que come en nostre dite chastellenie n'ait aucuns ayans moulins en ycelle, qui ait chasse ne queste des diz grains en ycelle pour porter a leurs moulins yceulx grains, sanz notre congié et licence, nous lui voeillons ottroyer, que par son musnier ou varlet d'icellui, il puisse faire la dite chasse et queste des diz grains par toute ladite chastellanie. Nous inclinans à sa supplicacion et pour consideracion des services qu'il nous a faitz et fait chacun jour, lui avons donné et ottroyé, donnons et ottroyons de grâce especial par ces presentes congé et licence de faire faire par son dit musnier ou varlet dicellui les dites chasse et questes des diz grains par toute nostre chastellenie, jusques ad ce que noz diz moulins soient reparez et mis en estat convenable; sanz ce toutevoye quil nous tourne a aucun prejudice.

Si vous mandons et a chacun de vous si come a lui appartendra, de nostre présente grace, congié et licence vous faictes, souffriez et laissiez joïr et user ledit maistre Raymon, en lui faisant et souffrant et laissant faire faire les dites chasse et questes par la maniere que dit est, cessant tout empeschement au contraire, s'i aucun y estoit mis.

Donné à Paris le xime jour d'avril l'an de grâce Mil cccc et sept après Pasques et de notre regne le xxviieme.

Par le Roi, messires Jaques de Bourbon, le sire de Savoisy et autres présens.

Signé *Meauville.*

VIII.

12 mai 1402. Acte de vente des censives et autres droits qui ont formé
les fiefs du Petit-Mesnil et de Launai.

A tous ceulx qui ces présentes lettres verront, Guillaume, seigneur de Tignonville, chevalier, conseiller chambelan *(sic)* du Roy notre sire et garde de la prevosté de Paris, salut;

Savoir faisons que par devant Jehan Hure et Samxot *(sic)* Basdoux, clers notaires jurez du Roi notre dict seigneur de par lui establiz en son Chastellet de Paris, fu presant en sa personne maistre Charles (du) Poule dit le Flament et afferma en bonne verité en la présence des diz notaires que, de son propre heritaige et de son conquest, il avoit, tenoit et paisiblement possedoit la proprieté seulement des heritaiges, cens, rentes, bois, prez, maisons, droictures et autres revenues deubs aus jours et leux cy-apres déclairez, mouvans et tenus en fief des seigneurs cy-apres nommez, assis en la ville de Bures et ou terrouer d'environ :

Et premierement ensuivent les cens deubs le jour de Notre Dame en mars chacun an à Bures sus pène de soixante soubz d'amende;

Pierre Moyreau pour sa maison de la Rue, trois soubz six deniers;

Perrin le Conte pour sa maison tenant à la maison Pierre Moyreau, trois soubz six deniers;

Jehan Le Conte l'aisné, pour son jardin de la Rue, tenant d'une part audit maître Charles, d'autre part à Estienne de la Clergerie, douze deniers;

Hutin Chantre, pour demi arpant de terre assis au Gué, et fu Phelippot Boutet, six deniers;

Pierre Boutet, pour demi arpent de terre tenant à Phelippot Boutet, assis au Gué, six deniers;

Denisot Gelliam, pour son pré de la Noe-Philippe, trois mailles;

Item, ensuivent autres cens deubs audit maistre Charles audit lieu de Bures le jour de l'Ascension, et se paient avant souleil levant sur peine de soixante soubs d'amende;

Robin Enjourran, pour sa maison du fons au Petit-Mesnil et fu Jehan Bonceau, quatre deniers;

La femme et hoirs de feu Signoret Regnart, pour une maison et jardin assis au Petit-Mesnil, quatre deniers;

Item ensuivent autres cens deubz audit maistre Charles en la dicte ville de Bures le jour de la Pentecouste, chacun an su peine d'amende :

Premièrement, André de la Folie, pour sa maison de la Rue, qui fu Regnault Malet et depuis Pierre Malet, deux soulz;

Robin le Couvreur, pour sa maison et jardin qui fu Jehan Bonceau dit Evrart et depuis à Bougis, assise en la rue qui va au moulin[1], deux soulz;

Robin de Maigny, pour son jardin et courtil au Mareschal et fu Phelippot du Ru et depuis Godeffroy le Barbier, trois soulz;

Les hoirs et aians cause de feu messire Arnoul de Puiseux, pour leur maison du Pont, qui fu à la fille Denisot Gaultier, tenant aux hoirs feu Thomas Leroy et depuis à Avette Desmares, seize deniers;

Lorin Duru, pour sa maison de la rue, tenant à Robin Enjourran, et fu Perrin Menoche, dix-huit deniers;

Perrin Moireau, pour sa maison, qui fu Garny Malet et Thevenot Malet, douze deniers;

Jehan de Launoy, dit le Barbier, pour sa maison et jardin, assis vers le moulin de Bures, et fu Jehan Auboyn, douze deniers;

Jehan Bonceau, demeurant à Charmes, pour sa maison de la rue qui fu Perrin Auboyn, nuef deniers;

Perrin Le Conte, pour sa maison tenant à Perrin Moireau, deux soulz;

Jehan Le Conte, l'aisné, pour sa masure qui fu Richart de Tour (*sic*), douze deniers;

Denisot Gellain, pour la moitié de l'esgout de la maison de la rue[2], un denier;

Perrin du Buisson, pour un quartier de jardin assis au Petit-Mesnil, tenant à Boutet, un denier;

Philippot de la Saussoye, pour la moitié de la maison en l'esgout sur la rue, un denier;

---

1. Probablement au moulin d'Ecoute-s'il-Pleut, situé sur le Vaularon.

2. Evidemment il faut lire : la moitié de la maison de l'esgout. Il s'agit sans doute du torrent qui partait des bois de Villevert et se jetait dans le parc de la Maison-Blanche.

Gillet Fillesoye, pour son courtil qui fu Henry le Maçon, huit deniers ;

Philippot de la Saussoye, pour son jardin de la rue, trois deniers ;

Robin Enjourran et ses enfens, pour sa masure qui fu Mahy (sic), assise au Petit-Mesnil et fu Jehanne, fille Guillaume Malice, sept deniers ;

Item, luy, pour son jardin à la Quartaine ¹, qui fut Thierry Menoche, un denier ;

Jehan Sauve, pour une pièce de terre, assise à la Coulovère, demi-arpent, assis es Courtillous, une pièce de terre où il a bois, un pou de gastines, joygnant tout ce qui dit est, baillé de nouvel par le dit maistre Charles, à seize soulz de cens, à paier à deux termes, moitié la demain (sic) de la Pantecouste et moitié à la Saint Remi ;

Item, ensuyvent autres cens deubz audit maistre Charles, audit lieu de Bures, le jour Saint Remi, sur pène d'amende :

Premièrement, les enfans Martin Serjant, pour la moitié d'une maison assise devant la Cave et pour la moitié d'une place qui fut Jehan Serry, pour la moitié du Champ de la Foire, pour tout ce trois deniers ;

Philippot Boutet, pour l'autre moitié de la dicte masure, place et champ de la foire dessusdits, trois deniers ;

Item, luy, pour la moitié d'une pièce d'aunoy qui fu Huet de la Folie, assise en l'aunoy Angellart, tenant à la Quartaine et à la rivière, six deniers ;

Item, luy, pour l'autre moitié d'une pièce d'aunoy, assis audit lieu, tenant à Richart de Tour, trois deniers ;

Perrin Bouter, pour la moitié de la pièce d'aunoy qui fu Huet de la Folie, tenant à la Quartaine et à la rivière, assise en l'aunoy de la (sic) Angellart, six deniers ;

Item, luy, pour l'autre moitié d'une pièce d'aunoy qui fu audit Huet, assise audit lieu, tenant à Richard de Tour, trois deniers ;

Item, luy, pour la moitié d'une pièce de terre, assise au bois Madame-Contesse et fu Gillet Charpentier, tenant audit bois et à Jehan Haran, nuef deniers ;

Item, luy, pour sa maison de la Cave qui fu Jehan Serry, nuef soulz dix deniers ;

Item, luy, pour demi-arpent de terre assis derrière la Cave, deux deniers ;

Hutin Chantre, pour la moitié d'une pièce de terre assise au bois Madame-Contesse et fu Phelippot Boutet, qui la vendi audit Hutin, nuef deniers ;

1. Nom de propriétaire.

Perrin Dubuisson, pour sa maison du Moustier, qui fu Symon Boutet, vint un denier (*sic*);

Item, luy, pour sa maison sceant au cimetière, qui fu Robin le Bourguignon, maile;

Item, luy, pour son jardin près de ladite maison, qui fu Symon Gogué, maile;

Phelippot de la Saussoye, à cause de sa femme, pour demi-arpent de terre assis au Petit-Mesnil et fu Symon Boutet, deux soulz cinq deniers;

Item, luy, pour un quartier d'aunoy, qui fu Gillet Charpentier, douze deniers;

Item, luy, pour deux arpents et un quartier de pré qui furent Jehan le Gruyer, seize deniers;

Item, luy, pour sa partie de la maison de la rue, un denier;

Item, luy, pour la moitié d'un jardin dont Denisot Gellain a l'autre moitié, trois mailes.

Les hoirs et aians cause de messire Arnoul de Puiseux pour la maison de Maubichet, qui fu Gillet Charpentier, tenant à la maison qui fu Jehan le Tixarrent, quatre deniers;

Item, pour leur ormoye de Rougemont[1], qui fu Guillaume de Voisines, tenant d'une part à la fontaine, d'autre part aux hoirs Guillaume du Ru, quatre deniers;

Item, eulx, pour quartier et demi de pré, séant ès prez soubz les vignes, tenant d'une part aux ayans cause de messire Guillaume de Courteny[2], quatre deniers;

Item, eulx, pour la moitié de l'aunoy, tenant d'une part au chemin du Roy[3], d'autre part à un aulnoy qui est audit maistre Charles, quatre deniers maile;

Item, eulx, pour deux arpens et demi de terre, qui fut Jehan Haran, tenant d'une part aux hoirs Madame Contesse, deux soulz dix deniers;

Item, eulx, pour la maison du pont de Bures qui fu Henry le Vennier, vint-un deniers;

Item, eulx, pour demi quartier d'aunoy assis aux Courtillons, tenant au curé de Bures, un denier tournois;

Item, pour un arpent de terre assis à l'orme du chemin et fu Henry le Vennier, tenant aux hoirs Huet de la Folie, douze deniers;

Item, pour le sixiesme d'un arpent de terre au lieu dessusdit, et fu Henry le Vennier, deux deniers;

---

1. Le lieu dit de Rougemont a été compris dans le parc de la Maison Blanche.

2. Guillaume de Courtenai.

3. Grand chemin de Chartres.

Item, pour une pièce de pré assise au pont, qui fu Phelippot du Ru, deux deniers poitevins;

Item, pour cinq quartiers de terre sus le chemin de Chevereuse et furent Richart du Toul (*sic*), douze deniers;

Item, pour environ demi quartier de terre en l'aunoy et fu Henry le Vennier, un denier;

Item, pour une maison et masure qui fu Gille Chartier et Richard du Toul, douze deniers maile.

Item, pour demi arpent de terre qui fu Huet de la Folie et Henry le Vennier, un tournois;

Item, pour un arpent de terre qui a présent est en aulnoy, qui fu Guillot du Chemin, assis emprès le pré aux nonnains de Gif, six deniers;

Item, pour la saussoye assise près du moulin du pont, qui fu Henry le Vennier, seize deniers;

Item, pour l'aunoy du pont, tenant à l'aunoy Loys Morel, deux deniers maile :

Item, pour l'aunoy aux Harens, dix-huit deniers :

Pierre du Buisson, pour demi-arpent de terre à la Corbesse, qui fu Huet de la Folie et Guillot Guignart, neuf deniers;

Item, pour un quartier de terre à la Corbesse, et fu Phelippot du Buisson et Perrin Chevalier, cinq soulz;

Item, pour demi-arpent soubz le Petit-Mesnil, tenant à luy, et d'autre part à Servot, deux soulz six deniers;

Item, pour son jardin qui fu Servot, six deniers;

Item, pour un arpent de terre à la Corbesse, qui fu Michon Cartain et Phelippot Boutet, quatre soulz onze deniers;

Item, pour un arpent de terre assis à la Corbesse, qui fu Phelippot et Perrin Boutet, deux soulz six deniers;

Item, pour un autre arpent de terre assis audit lieu de la Corbesse, et fu ausdiz Phelippot et Perrin Boutet, quatre soulz six deniers;

Item, pour une maison et masure et deux arpens de terre tenant à luy, et fu Manet du Thilay, dix soulz;

Item, pour demi-arpent de jardin, qui fu à la fille feu Pinselot et un quartier de bois assis dessous le jardin, qui fu Colin Auboyn, aboutissant aux prez, douze deniers;

Item, pour demi-arpent de terre à la Corbesse, qui fu Denisot Gelain, nuef deniers;

Item, pour sa masure du Mesnil, qui fu Phelippot du Buisson, son père, tenant aux hoirs Symon Boutet, deux soulz;

Jehan de Manchecourt et Agnès sa suer, pour leur aunoy de la roiche gastinoys, tenant d'une part aux hoirs feu maistre Climent de Rillac [1], deux soulz dix deniers;

---

1. V. sur la famille de Reilhac l'*Histoire de Bures*. Ce hameau est appelé

Jehan le Couvreur, pour sa maison et jardin assis près du moulin, et fu Jehan Bonceau, dit Euvrart, cinq deniers;

Item, pour demi-arpent de terre qui est Contesse, fille de la femme dudit Robin, tenant d'une part au curé et fu Guillet Gontier, deux deniers;

Adam Belotier, pour un quartier d'aunoy, scéant en l'aunoy S....., et fu Phelippot le Berchier, trois deniers;

Jehan Berthaut, pour sa maison tenant audit maistre Charles, et fu Jehan Hébert, huit deniers;

Le curé de Gomez, pour demi-arpent de pré qui fu au curé de la ville (Gometz-la-Ville), assis au-dessus de la fontaine, tenant d'une part au prieur de Forges, huit deniers;

Jehan Brisset, à cause de Eudelot, sa femme, pour demi-arpent de pré, qui fu Hémon, huit deniers;

Guillaume Foisil, pour sa maison, qui fu Henry le Vennier, tenant à Jehan Berthaut et à Jehan de Launay, quatre soulz;

Geuffroy Noel, pour ung arpent et demi de terre et aulnoy assis à l'Aleu, qui fu Huet de la Folie, tenant aux hoirs messire Arnoul de Puiseux, vint-deux deniers maile;

Item, pour son pré au-dessoubz du moustier, tenant d'une part à Serret, et d'autre part à Denisot Gelain, quatre deniers;

Jaquet Ride, pour sa maison de la rue, qui fu Guillot Gautier, tenant à la maison Jehan Ramoulle, six deniers;

Jehan Mahiet, pour sa maison de la rue, qui fu Guillot Gautier et Jehan Ramoulle, tenant à la maison Jaquet Ride, deux soulz dix deniers;

Pierre Leconte, pour sa maison, qui fu Garnier Malet, tenant à Perrin Moyreau, trois soulz six deniers;

Jehan le Conte l'aisné, pour son jardin de la rue, tenant d'une part audit maistre Charles, et d'autre part à Estienne de la Clergerie, douze deniers;

Item, pour son arpent de la roiche assis aux courtillons, tenant à Jehan le Conte le jeune, quatre deniers;

Jehan le Conte le jeune, pour un arpent d'aulnoy assis aux courtillons, tenant audit maistre Charles et à Jehan le Conte son frère, six deniers;

Perrin Moireau, pour sa maison où il demeure, qui fu Gautier Malet, tenant à Perrin le Conte, trois soulz six deniers;

Item, pour sa courtille, vint-un deniers;

Loys Morel, pour demi-arpent de pré assis au pont, dont partie fu

---

aujourd'hui la Guyonnerie. La propriété dont il est ici question correspond à une partie du domaine de M. Dehaussy.

Climent le Maçon, et l'autre partie fut Gillon Fille, tenant à la rivière, trois soulz ;

Item, pour son aulnoy du pont, appelé l'aunoy du retour, qui fu Thévenot de la Rue, tenant aux aiant cause de messire Arnoul de Puisieux, deux deniers ;

Item, pour un quartier d'aulnoy que l'on dit l'aulnoy ront, qui fu Guillot Charlot, un denier ;

Item, pour un arpent de terre assis à la noe Philippe, qui fu Guillemin Ménoiche, tenant aux aians cause de Guillot Gautier, dix-sept deniers ;

Item pour un quartier d'aulnoy, qui fu Guillemin Chevereuse et aux enffans Symon Cartain, deux deniers ;

Item, pour demi-arpent d'aulnoy, qui fu Jehan le jeune et Guillot Moireau son frère, assis au lieu dit Chaumelle, tenant à Seven Godet, six deniers et un tournois ;

Godeffroy le Barbier, pour sa maison, qui fu Jehan Foucher, tenant à Robin le Couvreur, un denier ;

Jehan Boriain, pour son aulnoy du gué Saint-Mahy, qui fu Huet de la Folie et pour trois quartiers de roiche assis au-dessus des gains dudit maistre Charles, trois deniers ;

Guillot Lemaistre, pour son pré Arnoul, tenant aux religieuses de Gif, six deniers ;

Le curé de Bures, pour demi arpent de pré soubz la vigne, qui fu à la Quartaine, six deniers ;

Item, pour trois quartiers de terre et aulnoy, qui furent Jehan le Boucher, tenant à messire Guillaume de Courtenay, deux deniers ;

Item, pour un arpent de terre à la voye rouge, qui fu Thévenin le Prince, quatre deniers ;

Item, pour deux arpents de terre qui furent audit maistre Charles, huit deniers ;

Item, pour demi-arpent de terre à la Noe-Philippe, qui fu Thénot Malet, huit deniers ;

Jehan le Barbier, pour sa maison et jardin, si comme tout se comporte, tenant à Robin le Couvreur, six deniers ;

Item, luy, à cause de sa femme, pour une masure tenant à Jaquet le Vachier et fu Guillaume de Chevereuse, trois soulz ;

Item, pour deux arpents de terre et aulnoy, qui furent Henry le Maçon, assis au ru Moneau, onze deniers ;

Item, pour un jardin et masure, qui fu Alipe, femme de feu Thomas Leroy, tenant à Guillaume Foisil, assis au pont, neuf deniers ;

Item, pour leur jardin qui fu Johonant, tenant à la rivière, huit deniers ;

Item, pour demi-arpent d'aulnoy oultre le pont de Bures, tenant aux aians cause messire Arnoul de Puisieux et au chemin, quatre deniers ;

André de la Folie, pour sa maison de la rue, qui fu Pierre Malet tenant à Guillot Gautier, deux soulz ;

Item, pour sa maison du ru, qui fu audit Pierre, six deniers ;

Item, pour demi-arpent de roiche séant à Nubre, qui fu Huet de la Folie, tenant à Jehan Berthaut, dix deniers ;

Item, pour un quartier de pré assis au pré du Saux, et fu Phelippot le Berchier, un denier ;

Denisot Gilain, pour son pré de Nubre, qui fu Huet de la Folie et à André de la Folie, huit deniers ;

Item, pour son pré de la Noe-Philippe, qui fu au-dessus diz (sic), trois mailes ;

Item, pour sa part de la maison, un denier ;

Item, pour son pré dessoubz le Moustier, qui fu Huet de la Folie, quatre deniers ;

Guillaume Verdier, pour sa maison, qui fu Arragon, cinq deniers ;

Hutin Chantre, pour trois arpens de terre assis au bois Madame Contesse, et fu Huet de la Folie, dix-nuef deniers ;

La fabrique de l'église de Bures, pour deux arpens et demi de terre assis au bois Madame Contesse et furent audit maistre Charles, huit deniers ;

Le luminaire Notre-Dame de Bures, pour deux arpens de terre assis à la Brosse, qui furent audit maistre Charles, huit deniers ;

Phelippot Godet, pour sept quartiers de terre sus les prez Jehan Raoul, tenant à l'aunoy Guillot Flamant, sept deniers ;

Pierre Christophe, Pierre de Buion et Symon Olive, pour deux arpens et demi que terre et roiches assis à la Noe-Philippe, tenant d'une part au curé de Bures, et d'autre part à André de la Folie, deux soulz huit deniers ;

Pierre Auboyn le jeune, pour un clouseau en Rougemont, tenant à Guillot Fœstu, deux deniers ;

Item, pour demi-arpent de terre assis au gué Saint-Mahy, qui fu Perrin Chevalier, deux soulz ;

Jehan Servot, pour deux arpens de terre assis soubz le Petit-Mesnil, qui furent Perrin Menoche, dix soulz ;

Item, pour un arpent de terre assis audit lieu, qui fu Robin Malice, douze deniers ;

Item, pour demi-arpent de terre qui fu audit Robin Malice, assis au Chastenier, douze deniers ;

Gillet Fillesoye et Guillemin Fillesoye, pour la moitié de trois arpens de terre, qui furent Huet de la Folie, assis à l'Aleu, tenant à Godeffroy le Barbier, vint-deux deniers maile ;

Item, pour la moitié de trois arpens de terre assis au bois Madame-

Contesse, qui furent Huet de la Folie, tenant à Jehan Autier, dix-nuef deniers ;

Item, pour son clouseau de Rougemont, deux deniers ;

Item, pour trois quartiers de terre assis aux Mougneux et furent son père, six deniers ;

Item, pour deux arpens et demi de terre, qui furent à la Quartaine, assis à la Pauterre, sept deniers ;

Item, pour sa roiche, qui fu Robin Malet et à Guillemin de Chevereuse, dix-huit deniers ;

Guillemin Roty, pour son pré de la Noe-Philippe, qui fu Guillot Gasse, un denier ;

Jehan Bonceau, pour sa maison de la rue, qui fu Pierre Auboyn, tenant aux hoirs Symon Boutet, nuef deniers ;

Item, pour demi-arpent de terre, qui fu Perrin Aubouyn, tenant audit maistre Charles, six deniers ;

Robin Enjorran, pour sa maison du Petit-Mesnil, qui fu Robin Malice, Jehannette la Tixerande et Marrot de Tillay, deux soulz sept deniers maîle ;

Item, pour un quartier de terre assis soubz le Petit-Mesnil, tenant à messire Guillaume de Voisines, seize deniers ;

Item, pour demi-arpent de terre, qui fu Robin Malice, tenant à l'orme du ru, deux soulz six deniers ;

Item, pour une masure et un quartier de terre assis soubz les prez et pour un jardin assis au dit lieu, qui fu Robin Malice, trois soulz sept deniers maile ;

Item, pour l'eschoite de la dite maison et pour la granche, six deniers ;

Item, pour la maison, qui fu Thiennet Ménoche et pour un jardin au Petit-Mesnil, quatre deniers ;

Item, pour les masures et jardin, qui furent Perrin Aubouyn, tenant à l'orme du ru et à luy, et pour un quartier de terre assis ez prez de Montjay, cinq soulz ;

Jehan Sauve, pour une pièce de terre à la Coulovère, demi-arpent de terre ès courtillons, une des pièces où il a bois en vau Raoul et un pou de gastines, tout ce que dit est baillié de nouvel audit Sauve pour seize soulz de cens pour chacun an à paier huit soulz à landemain de Pantecouste et huit soulz le jour Saint-Remi.

Item, ensuivent autres héritaiges qui doivent cens et rentes audit maistre Charles, le jour de feste Saint-Remi, dont les aucuns sont demourez audit maistre Charles par deffault des cens non paiez :

Premièrement, la maison qui fu Colin Godet, pour sa masure qui fu à la femme Huet Rondeau, chargez d'une droiture envers les aians cause messire Arnoul de Puiseux et souloit rendre chacun an, douze deniers de cens ;

Item, une maison assise en la petite rue, dont partie fut Guillot Gautier, et l'autre partie de maison fu Pierre Bougis, et doit la moitié dudit Guillot Gautier, seize soulz trois deniers parisis, et la moitié dudit Pierre Bougis, trois soulz nuef deniers ;

Item, la maison qui fu Gille Chevallier, assise vers le pont avecques le jardin et souloit rendre chacun an trois soulz et certaine droiture.

Item, la maison qui fu Martin Serjant et Gillet Gellain, dont le (*sic*) rendoit chascun an quatorze soulz ;

Item, un quartier de pré assis au pont et fu Perrin Haran, trois mailles ;

Item, ung arpent de terre assis au Chasteignier, qui fu Perrin Haran, douze deniers et doit aux aians cause messire Arnoul de Puiseux pour champart, douze deniers ;

Item, la maison Huchon, qui fu Jehan le Chaucier, deux deniers ;

Item, deux arpens de terre assis à la Croix sur le chemin, qui furent André de la Folie et doivent chacun an, six deniers de cens ;

Item, deux arpens de terre assis de l'autre côté du chemin et doivent chacun an, quatre soulz de cens ;

Item, un arpent de terre tenant à Hutin Chantre, sus le chemin et doit chacun an, quatre soulz de cens ;

Item, un autre arpent de terre sur le chemin, au-dessus des Courtillons et doit chacun an trois soulz de cens ;

Item, à Montlory, environ cinq arpens, que terre que vigne, qui a présent sont en bois et doivent chacun an six soulz de cens ;

Item, à la Voye-Rouge, environ six arpents de terre, qui a présent sont en gastines et en bois et doivent chacun an onze soulz de cens ;

Item, une pièce d'aulnoy appelée les Courtillons et doivent (*sic*), chacun an douze deniers de cens ;

Item, une pièce de jardin où il a plusieurs saulx, appelée (*sic*) la Saussoye et doit chacun an douze deniers de cens ;

Item, la moitié du moulin à eau, chargé de quatorze setiers trois minos de moulture deubs à plusieurs personnes, avecques le bail dudit moulin qui est de six sextiers de moulture et le demourant dudit moulin se part par moitié :

Et le roueige, fouraige, seigneurie de soixante soulz d'amende et au-dessoubs sus les cens, rentes et possessions cy-dessus déclairées ;

Tout ce que dit est mouvant et tenu en fief à une foy et hommage de Jehan de Seure à cause de son hostel d'Engervilliers ;

Item, l'autre moitié dudit moulin, tout lequel appartient à présent audit maistre Charles, assis en ladicte ville de Bures, chargé iceluy moulin sur le tout de quatorze sextiers de blé et six sextiers pour le bail avec un pou de pré chargé de douze soulz de cens, yceluy pré appelé la Cousture. Les arbres estans en ycelle, la rivière, pescherie et tout ainsi comme le lieu se comporte mouvant et tenu en fief des hoirs et femme de feu Jehan le Mareschal ;

Item, trois arpens de prez appelez les Gains, sceant emprez le moulin de Bures, tenuz en fief des hoirs et aiant cause de messire Arnoul de Puiseux, à cause de leur hostel de devant le moulin de Bures ;

Item, ensuient les droitures que ledit maistre Charles a en ladicte ville de Bures sus les maisons et héritaiges cy-après nommez, paiez audit lieu chacun an :

Premièrement, pour une paroiz [1], jardin, court et une pièce de terre joignant, assis au-dessus du Moustier, ou lieu où la foire se tient [2], dont la moitié es à Philippot Boutet, et l'autre moitié est (à) un homme de Saux [3], une droicture ;

Item, sus la maison et jardin, qui fut Arragon et à présent est Guillemin Bardrier, une droicture ;

Item, sus la maison et jardin Jehan Bertaut, assis près de la maison dudit maistre Charles, trois quars de droicture ;

Item, sus la maison et jardin André de la Folie, tenant audit maistre Charles, un quart de droicture ;

Item, sus un jardin qui est Gervaise Rémon, assis à Bures, le tiers d'une droicture ;

Item, une maison ainsi comme elle se comporte appartenant audit maistre Charles, assise en la dicte ville de Bures, et un jardin qui souloit rendre audit maistre Charles, six soulz de cens et une droicture ;

Item, sus la maison Guillemin Bardier, cinq deniers de cens ;

Item, sus la maison Philippot Boutet, assise devant le Moustier, quatre deniers de cens ;

Item, sus demi-arpent de terre qui est à Jehan Sauve, assis à la Courtille, deux solz de cens ;

Item, dix-huit deniers de cens que les aians cause de feu Lorin Palliot, souloient paier pour héritaiges que ilz tenoient ;

Item, le rouaige, fouraige et seigneurie sur yceulx et sus toutes (sic) les autres héritaiges dessus diz de soixante soulz d'amende et au-dessoubz et les cens portans ventes, saisines et amendes à la coustume du pays ;

Tout ce que dit est cy-dessus mouvant et tenu en fief, à une foy de madame de Bièvre, comme aiant cause de Jehan du Saclay, à cause de la maison du Saclay ;

Item, douze soulz parisis de rente à prendre et avoir chacun an a

1. Mur, muraille, lat. *paries.*

2. V. description des *lieux-dits.*

3. Sceaux, chef-lieu d'arrondissement, département de la Seine, ou Saux-les-Chartreux (Seine-et-Oise).

tousjours au terme de Pasques, en et sus une maison et jardin assis à Bures, tenant d'une part à Robin le Tissier, et d'autre part au chemin qui va de Bures à Monjay ;

Item, sus arpent et demi de terre assis à l'Orme-Lucas, tenant d'une part à Jehan Leconte le jeune (sic);

Item, sus un grant jardin assis en la grante rue de Bures, tenant d'une part à Estienne de La Clergerie; tout ce que dit est appartenant à Jehan Leconte l'aîné, et généralement en et sus tous les autres héritaiges dudit Jehan Leconte, mouvans et tenuz des seigneurs dont se muet, à telz cens et charges que se doit;

La propriété desquelz cens, rentes, bois, prez, saussoyes, ourmoyes, maisons, jardins, droictures, le moulin, la rivière et autres héritaiges et revenus cy-dessus déclariez, ainsi comme ilz se comportent et généraument toutes les autres terres, possessions, rentes, revenus et aultres choses quelconques sans en rien exepter ne retenir, appartenant audit maistre Charles, assis en la dicte ville de Bures et ou terrouer d'environ et aultre part descendens et despendans d'iceulx fiefs cy-dessuz déclairez, yceluy maistre Charles du Poule, dit le Flament, de son bon gré, bonne voulenté, non contraint, mais pour son cler et évident prouffit, sur ce bien conseillié et advisé de son fait et de son droit, si comme il disoit, recongnut et confessa en la présence desdits notaires, avoir venduz, cédez, quictez, transportez et du tout dès maintenant à tousjours perpétuellement et a promiz et promet garantir, délivrer et deffendre envers et contre touz en jugement et hors et partout ailleurs, à ses couz, de tous troubles, debtes, obligations, engagemens, arréraiges, ypothèques, et de tous aultres empeschemens quelsconques, toutes et quantes foiz que mestier en sera, à honorable homme et saige maistre Raymon Raguier, maistre de la Chambre aux deniers du Roy notre sire, achetteur pour luy, ses hoirs et aians cause, yceulx héritaiges chargez envers yceluy achetteur de douze livres parisis de rente annuelle et perpétuelle et du viaige de honorable homme et saige, Hémon Raguier, trésorier des guerres du Roy notre sire, damoiselle Gillette, sa femme, leurs vies durans et les vies de Jaquet et Gillette leurs enffens et du sourvivant d'eulx quatre ;

Ceste vente faicte pour le pris et somme de trois cens livres tournoys, monnoie courant à présent, frans et quittes audit vendeur qu'il en confessa pour ce avoir euz et reçeuz dudit achetteur en la manière qui s'ensuit ;

C'est à savoir :

Pour ce qui est tenu des hoirs et aians cause de feu messire Arnoul de Puisieux, quarante-cinq livres tournois ;

Item, pour le fief tenu de madame de Bièvre, à cause de Jehan du Saclay, quinze livres tournois ;

Item, pour le fief tenu de Jehan de Seure, huit vint-cinq livres tournois ;

Et pour le fief tenu des aians cause de feu Jehan le Mareschal, soixante-quinze livres tournois ;

Dont il se tint pour bien contens, paié et agréé et en quitta et quitte à tousjours le dit achetteur, ses hoirs et aians cause et tous ceulx à qui quittance en puet et doit compter et apartenir, parmi lequel pris de trois cens livres tournois, ainsi eu et reçeu par ledit vendeur dudit achetteur comme dit est, se dessaisi et devesti ès mains desdis notaires voulant et consentant que par le bail et obstention de ces présentes ledit achetteur en soit mis en foy, hommaige ou souffrance par tout où il appartendra pour en joir et user paisiblement tantost après le trespassement d'iceulx Hémon Raguier et Gillette sa femme, Gillette et Jaquet, leurs enffens et du sourvivant d'eulx quatre ; et d'abondance pour en faire la desmission de la foy et en faire mettre en foy, hommaige ou souffrance partout où il appartendra yceluy vendeur fist, ordonna, constitua et establi ses procureurs généraux, sans rappel, Perrin Carré, Perrin Le Pletier, Jehan de Sereaulx et le porteur de ces lettres auxquelz ensemble et chascun par soy il donna et donne plain povoir, auctorité et mandement espécial de ce faire et généraulment de faire et dire tout ce qui au cas appartient. Et, oultre, yceluy vendeur céda, etc., etc.

En tesmoing de ce, nous, à la relacion desdiz notaires avons mis à ces lettres le scel de la Prévosté de Paris, qui furent faictes et passées l'an de grâce mil quatre cens et deux, le jeudi xiie jour dudit moys de may. S. Basdoux. S. Hure.

Au dos : Lettres de certains héritaiges assis à Bures, qui furent maistre Charles Le Flament. xve siècle.

Acquisition par Raymont Raguier, de Charles du Poule dit le Flament, de plusieurs droitz de censive et de justice à Bures, qui composent le Petit-Mesnil de Bures, xviie siècle.

Original en parchemin.

TABLE DES CHAPITRES.

SIXIÈME PARTIE.

SEPTIÈME PARTIE.

HUITIÈME PARTIE.

NEUVIÈME PARTIE.

PIÈCES JUSTIFICATIVES.

FIN.

Imprimerie Gouverneur, G. Daupeley à Nogent-le-Rotrou.

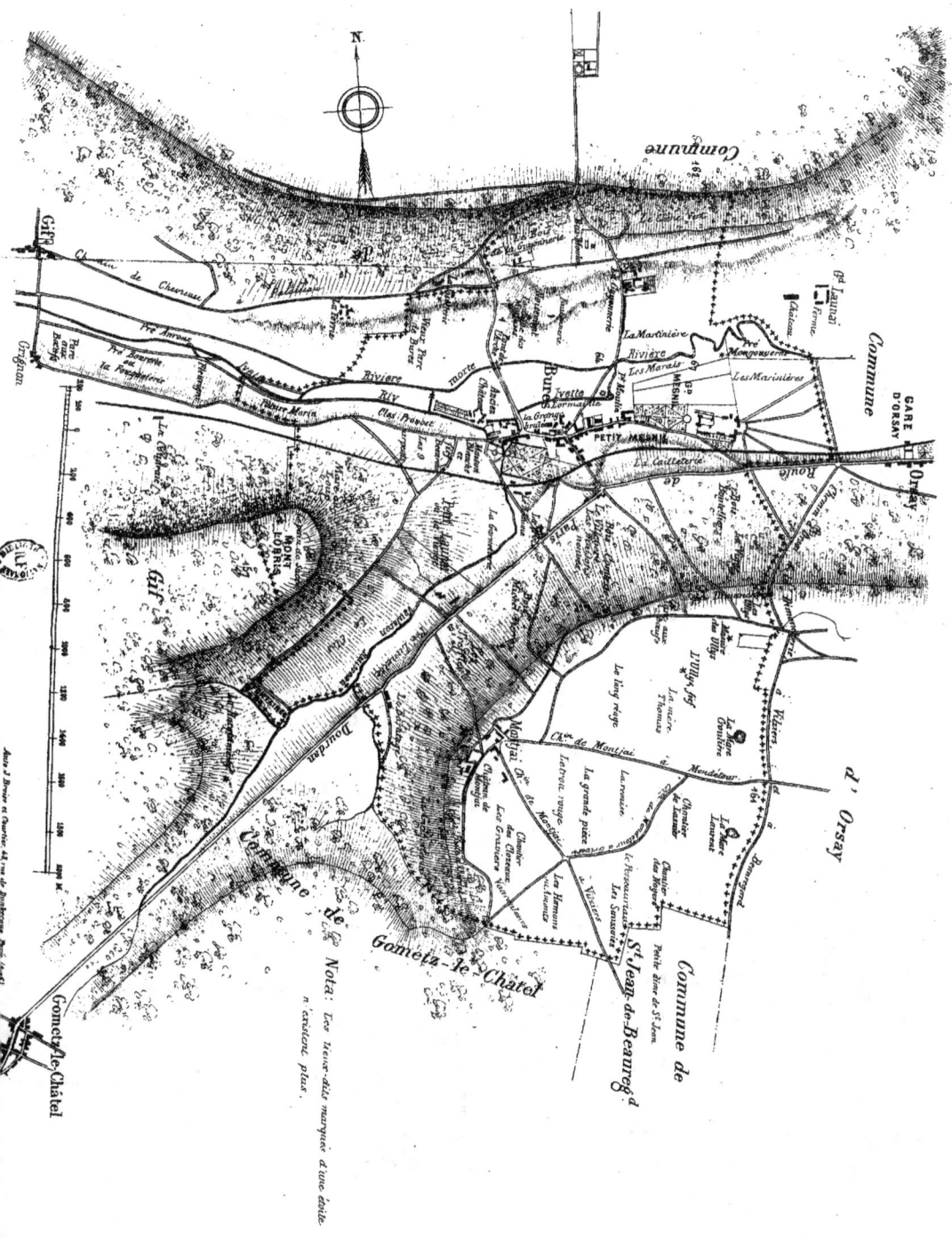

Transcription

Cy gisent
honorable persone Jehan Brémont en son vivant laboureur
demourant à Mongay qui trespassa le
je de l'an MV
et Jehanne Breton sa femme qui trespassa le IIIe
jour de Janvier mil VXLVIII. Priez
Dieu pour eulx.

Les dicts deffuncts ont donné en l'Eglise de céans
trois quartier et
huict perches de terre en une pièce assise au sentier
de Griveri
à la charge de faire dire par les marguilliers de
l'Eglise de céans deux basses
messes par chacun an au jour des trepas des dicts don-
nateurs avec ung
libera et de profundis sur la fosse à la fin de la
messe et faire faire les dites prières
les dimanches.......... et seront tenus les dits
marguilliers bailler au curé ou
vicaire de céans qui seront tenus dire et célébrer
les dites messes et faire les dites
prières pour chacune d'icelles messes quatre sols
tournois en seront tenus.
les dits marguilliers fournir pain vain et orne-
mens pour dire les dites messes.

Pierre tombale dans l'Eglise de Buris
(Seine & Oise) Inscription très fauste.